塚口直史
TADASHI TSUKAGUCHI

コロナショック後を生き残る日本と世界のシナリオ

THINK GLOBALLY, ACT LOCALLY

すばる舎

プロローグ

「未来は予測できる」と言うと眉唾《まゆつば》に聞こえるかもしれません。しかし「未来はあるパターンを持って訪れる」と言うといかがでしょうか？

個人の体験と照らし合わせたり、新聞やニュース番組を見ている時、「確か前にもこういうことがあったな」「どこか似たようなことがあったな」という感覚＝既視感（デジャブ）を覚えた経験をお持ちの方も少なくないでしょう。

年齢を重ねれば、パターン化された形で到来する現象を数多く経験されているでしょうし、歴史に造詣の深い方なら「未来はあるパターンを持って訪れる」ということを、古今東西、歴史上の出来事に垣間見るはずです。

例えば、今からおよそ160年前の1854（安政元）年の暮れ、後に「安政の大地震」と呼ばれる超巨大地震が中京から関東一帯を襲い、数万人が亡くなりました。

その後、復旧工事に伴う財政拡大と開国によって、物価が高騰し、一般庶民の負担は増大していく一方でした。

幕末に当たる1859（安政五）年から1868（明治元）年までの物価上昇率は、年平均13％以上の「ハイパーインフレーション」とも言える状況で、庶民のストレスの矛先は自ずと徳川幕府に向けられていきます。［文献1］

民衆の間で幕府への怨嗟《えんさ》の声が高まる中、幕府は反政府分子の弾圧を行いました。「安政の大獄」です。橋本左内や吉田松陰を始め、日本の将来を憂う多くの人々が死刑になりました。この弾圧は幕府にとって反作用となって働きます。桜田門外の変*が勃発し、幕威が急落、倒幕運動が激化したのです。

250年以上続いた幕府が、わずか地震から20年も経たないうちに崩壊していくさまは、日本史の教科書に示されているとおりです。

安政の大地震から下ること約70年の1923（大正12）年、「関東大震災」が日本を襲います。その結果、帝都は文字どおり灰になってしまいました。

時の政府は旧幕府と同じ轍《てつ》を踏むことを恐れ、復旧工事に必要となった莫大な費用負担を国民に強いることを避けます。代わって、日銀特融や震災手形の発行（被災企

***桜田門外の変**　1860年（安政7）3月、江戸城桜田門外で水戸藩から の脱藩者と薩摩藩士が彦根藩の行列を襲撃、大老井伊直弼を暗殺した事件。

業の債務を1927（昭和2）年9月まで日銀が保証）で信用不安を抑え込み、中央銀行と政府が震災復興需要の創出に尽力しました。

しかしそのツケは、やがてツケ回し先である銀行群の債務破綻によって払われることになります。昭和恐慌*です。「震災手形」（被災企業に対して担保の有無に関わらず、日銀が債務保証して割り引いた手形）を振り出した企業が年を経て破綻していきました。

さらに、その企業群に貸付をしていた銀行が連鎖破綻します。失業率が急増し、国民負担が増大の一途を辿る中、当時の政党政治への不信感が、国民の間で醸成されていったのです。慌てた政府は、それまでの緊縮財政を放棄し、昭和恐慌や世界恐慌に対処するため「円安政策」と「輸出拡大」に傾斜します。

その結果が物価騰貴と貧富の格差拡大につながったのです。当然、社会不安は高まり、ますます政党政治への不信感が募りました。

その一方で、日清・日露・青島戦役と震災復興の過程で治安回復に功績があった、軍部への信頼が、国民の間で急激に上昇していきます。

1936（昭和11）年、国民の付託に応《こた》えんとして、陸軍青年将校が軍事クーデター未遂である「二・二六事件」を実行します。

***昭和恐慌**
1929（昭和4）年10月アメリカ合衆国で発生し、世界に広がった世界恐慌が日本にも波及した。1930（昭和5）年から1931（昭和6）年にかけて日本経済を直撃した危機的恐慌。

クーデターは失敗に終わったものの、軍部クーデターの再現を恐れた政界は軍部主導の政治・外交を余儀なくされ、結果的に戦争の道へとひた走ることになったのです。

そして21世紀の現在、私たちは２０１１（平成23）年の「東日本大地震」でマグニチュード9の巨大地震が襲った後の日本に生きています。この震災では、死者・行方不明者は1万９６７０人（震災関連死を除く）、家屋被害数は30万１１０９戸が公式に確認されています。［文献2］

世界銀行の調べでは世界史上最大の経済的被害が出た自然災害となり、その額は16～25兆円に上ると報じられました。これは、ベトナム一国の年間ＧＤＰが一夜にして吹き飛んだ計算になります。

振り返れば、福島原発事故の誘発や後処理も含め、震災復興に必要となった莫大な費用負担を、日本政府は関東大震災の時と同じ方法——国民の経済的負担を軽減し、不満を抑制するため、昭和恐慌の時と同じく「国債発行」で、その場を乗り切ることにしたのです。莫大な富が破壊された分、復興に必要な原資を国債で賄ったため、史上例を見ないほど大規模な国債発行残高に私たちは直面しています。

経済破綻したギリシャでの債務水準が、２０１４年、対ＧＤＰ比で１７７％だったのに対して、日本は現状、それをはるかに凌駕する２３７％を超えている状況です。目下のところ、日本銀行の国債買い支えとマイナス金利政策など、例を見ない金融政策で乗り切っているわけですが、今般のコロナショックで、さらにその規模はケタ違いになることは明らかです。

これまでの方法で緊急事態を乗り切ろうとしても、もはやその持続性や効果が問われる段階に入ってきています。既に足元では昭和恐慌の例にもれず、邦銀の経営状況が悪化の度合いを増しています。歴史が繰り返されるとすれば、かつて鈴木商店への巨額融資が焦げ付いた台湾銀行のように、無理が祟《たた》った邦銀の経営から貸し渋りが発生、それに伴い、貨幣価値が乱高下する経済不況や社会変革の到来が予期されます。

払わなければならない「ツケ」は残っているので、いつか誰かがそのツケを払わなければなりません。極端な話をすれば、その際、大増税とセットで安政の大獄のような弾圧が始まるのか、クーデターで国家転覆が図られるような事態となるのか。

いずれにせよ、ツケの払い方も含め、その行方を考えることは、国家のみならず、国民一人一人の生き方を考える上で大変重要な問題になるでしょう。

▼歴史の類似性

①安政の大地震（１８５４～１８５５年）　〔t＝0〕基点

安政・万延の貨幣改鋳（１８５９年～１８６０年）　〔t＋5〕基点＋5年以内

物価高騰と貧富の格差拡大による政府批判増大　〔t＋5〕基点＋5年以内

安政の大獄（１８５８～１８５９年）　〔t＋5〕基点＋5年以内

桜田門外の変と討幕運動激化（１８６０年～１８６８年）　〔t＋5〕基点＋5～13年以内

②関東大震災（１９２３年）　〔t＝0〕基点

金融緩和・財政拡大と復興バブル（１９２３～１９２７年）　〔t＋0～5〕基点＋4年以内

昭和金融恐慌と物価低迷（１９２９～１９３１年）　〔t＋4～13〕基点＋4～13年以内

日銀国債引き受けと円安政策（１９３１～１９３４年）　〔t＋4～13〕基点＋4～13年以内

物価上昇と貧富の格差拡大による政府批判増大　〔t＋4～13〕基点＋4～13年以内

二・二六事件と皇道派弾圧（１９３６年）　〔t＋4～13〕基点＋4～13年以内

盧溝橋事件と海外武力進出拡大（１９３７～１９４５年）　〔t＋14～22〕基点＋14～22年

③東日本大震災（２０１１年）　　　〔ｔ＝０〕基点

金融緩和・財政拡大と金融バブル（２０１１〜２０２０年）〔ｔ＋０〜９〕基点＋９年以内

コロナショックと物価低迷（２０２０年）〔ｔ＋９〜Ｘ〕基点＋９年〜

日銀引き受けと円安政策？〔ｔ＋９〜Ｘ〕基点＋９年〜

貧富の格差拡大と政府批判増大？〔ｔ＋９〜Ｘ〕基点＋９年〜

東京直下型地震？　弾圧？　戦争？　景気回復？〔ｔ＋９〜Ｘ〕基点＋９年〜

現在、大きな課題を抱えているのは日本だけではありません。「新冷戦構造」と呼ばれる新世界秩序の構築が始まったばかりの世界で、アメリカなどの先進国も、中国を始めとする新興国も、同様に大きな課題を抱えながら、より自国にダメージの少ない方法で困難を乗り切ろうと、しのぎを削っている最中です。

現在進行形で多極化、いわゆる「Ｇ０（ゼロ）*」の時代が進展しており、世界を取り巻く状況が大きく変わろうとしています。既に世界のＧＤＰは新興国によって半分以上が生み出されています。付加価値創出の軸は先進国から新興国へ動いているのです。

***Ｇ０（ゼロ）**
Ｇ７を構成する主要先進国が指導力を失い、Ｇ20も機能しなくなった国際社会を表す言葉で、米国の政治学者イアン・ブレマーが２０１１年にその可能性を指摘した造語。

このような状況下にあって、真にわれわれが依存している需要はどこにあるのかを見つめ直す時が来ています。

今後、日本は確実に「大国」というポジションから「普通」の国へと姿を変えていきます。その時、社会の価値観も大きく変わることになるでしょう。「先進国の一角である日本」「日本企業」というブランドに依存している場合ではありません。縮小していく日本の需要に依存する会社や社会において、自分の足で立っていけない人たちにとっては辛い時代になるということです。

明治維新後の「侍」たちのように、社会からいきなりハシゴを外され、「身分」から「実力」に評価が置き換わることは往々にして起きます。

これまで、従来どおりのやりかたで成り立っていたケースが多かったとしても、今後の社会では、立ち止まることを許す余裕を失っていきます。このことをイメージするだけでも、未来を前提として行動を始めるきっかけになるのではないでしょうか。

わが国は国際貿易に依存している無資源国であり、国際社会が激変の度合いを増している以上、国にとっても、企業にとっても、個々人にとっても、「変化に合わせて対応できないこと」や「動かないこと」がリスクになるのです。

時流を先駆けてつかむ、「シミュレーション思考」

「変革の時代」においては、一歩先を行くだけで望外の果実を得られる「先行者利得が大きい時代」です。そこで本書では、「歴史は繰り返される」という経験則と、古今東西の景気循環を含めた「ある法則（パターン）」を背景に、2020年からのコロナショック後の世界の姿と、新冷戦構造の本質を明るみにしようと思います。

「未来を予測することは、ストーリーを作ること」と本書では定義します。そのために、世界の事例を知り抜き、広く深く考えた実際の因果関係を集積することで、できる限り多くのストーリーを作り、将来をシミュレーションするのです。

過去と同じような事象は突発的に起きるのではありません。四季において、春が来て夏になり、夏の次が秋で、その次に冬が訪れるように、政治・経済の動き（景気循環）も長い目で見た時、順番と規則性を持って繰り返されることを、本書を通じて感じていただけるのではないかと思います。

将来の予測を多く持てば持つほど、その中のどれかに現実の未来が入っている可能性が高まります。こうして投資やビジネスストーリーを創っていく方法を、私は「シミュレーション思考」と名付け、ファンド運用に日々活用しています。

「シミュレーション思考」の三つの軸

拙著『シミュレーション思考』（総合法令出版）では、地理と政治を結びつける「地政学」、私たちの経済生活の基盤をよく知るための「お金の歴史」、「世界に対する好奇心」の三つの柱が、「シミュレーション思考」においてストーリーを作る際に欠かせないものと定義しました。その中でも重要なのが、「お金の歴史」です。

次ページの図は「シミュレーション思考」を用いた未来のイメージ図です。横軸（X軸）が国の数（世界への好奇心）。縦軸（Y軸）が政治・軍事の歴史、つまり地政学です。奥行き（Z軸）がお金の歴史です。この縦軸、横軸、奥行きで構成される立方体が未来の社会を表しています。

例えば、日本という国しか知らなかった場合、知っている国の数は1、X軸は「1」

になります。また、政治・軍事の歴史について全体の10％だけ知っている場合は「10」、お金の歴史について知らない場合、Z軸は「0」になります。

それぞれの軸についての知識や経験が多いほど、形成される立方体は大きくなり、未来について複数の選択肢を考えられるようになるということです。

立方体の中には長い歴史に裏打ちされた客観的な多くのストーリーがあり、そのストーリーの核には、それぞれの「ドライバー（物事の推進力となる要因）」が存在します。

X軸・Y軸・Z軸の幅が広ければ、より多くのドライバーを理解し、他へ影響力を持つストーリーを数多く持つことにつながります。

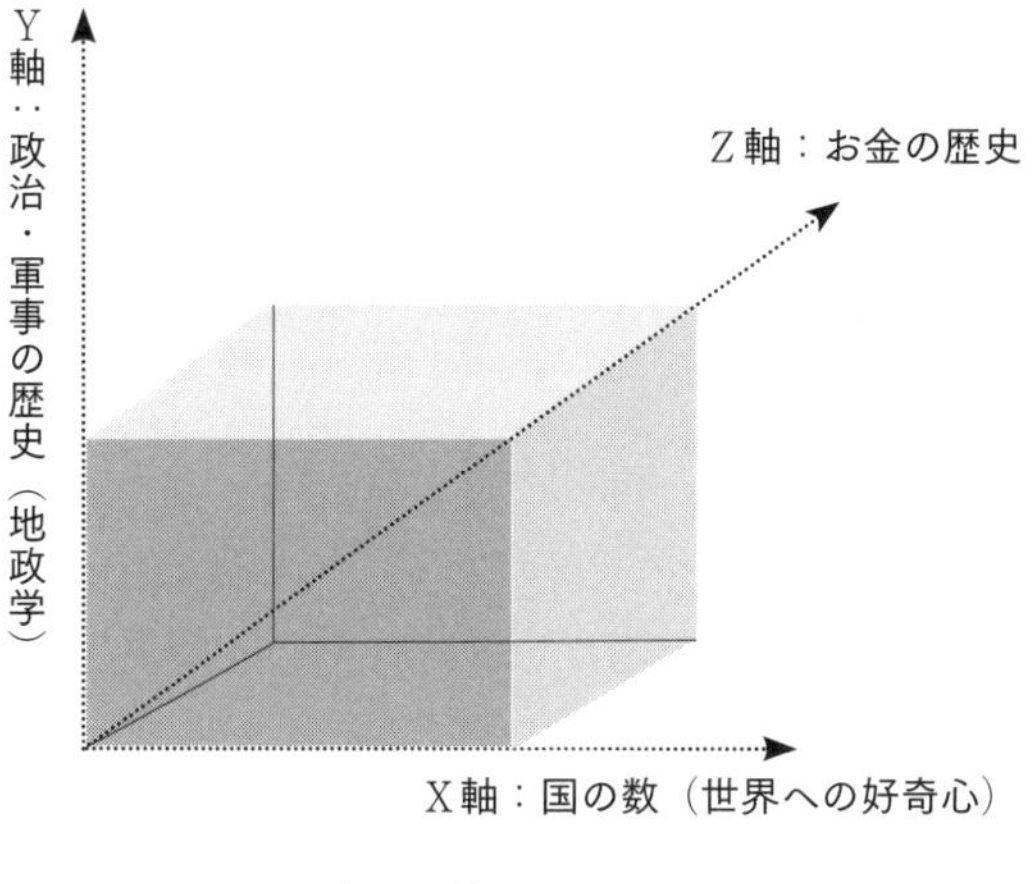

■シミュレーション思考の三軸

未来は数多くのストーリーの中の一つに過ぎません。たった一つしかない結果を予測しようとするのではなく、「自分が創った複数のストーリーのどこかに未来が当てはまるはずだ」という考え方が大切なのです。

客観的で説得力の高い未来予想は、人々を動かす力を持ちます。例えば、予測によって提示された未来像が天災にまつわるもので、悲惨な結果であるなら、「そうはなりたくない」という気持ちを人々に呼び起こし、具体的に「防潮堤を築く」といった防災に効果ある行動を取らせるでしょう。

投資やビジネスを含む、さまざまで重大な選択を、自ら行う機会が増えるのが今後の世の中です。将来については、誰も予想ができないくらい、不確実性が高まる時代が到来しているからです。

本書は、コロナショックで激動する国際金融市場に、海外の最前線で対峙する中で書き上げたものです。

グローバル投資戦略を統括するファンドマネージャーの観点から、現今と今後の国際金融市場を見た時、「国際金融市場の仕組みそのものを考えるべきである」と判断しました。無論、ワクチンの開発でコロナショックのすべてがなかったことになるかもしれません、それも一つのシナリオです。

しかし、現行の社会秩序が国内外で急激に、かつ徹底的に変化する可能性と衝撃を海外にいて市場で体感しました。これほどの大きな国境封鎖と市場変動、政府の市場介入は、筆者の運用歴22年において初めての規模で、いったんすべてをゼロベースから基礎に立ち戻って考えるべきだと判断しました。

ファンドの長期運用に資するため、激動する運用環境の最前線でさまざまに考えたうちの一部が、本書で紹介した8章にわたるシミュレーション思考の過程と結果です。

1章では「**拡大する貧富の格差と、その結果として生じる影響**（インプリケーション）」を考えました。見えてきたのは、余裕がなくなった国際社会の下、ストレスフルな容赦のない世界が到来する可能性です。2章では「**歴史の転換点で、人々はどういう事態に直面し、その時何を考え、何を判断したのか**」を考えます。3章では「**エネルギー問題**」を考察します。戦前昭和の日本に解決のヒントを垣間見た形です。4章では「**国際社会の中での中国のありかた**」を考えました。大きな内部抗争の予感を見ています。

5章では「**新冷戦構造下における国際関係のありようと多極化時代での生存競争の術**」

を考察しました。6章では「世界が余裕を失う中、貿易大国日本の振舞いかた」を考えました。7章では「極東情勢、そして日本社会に多大な影響を与えてきたロシアの行方」に焦点を当てました。8章では、「コロナショックを経た金融市場の行方」を根本から論考します。

未来の環境を想定した上で、逆算的に現在の立ち位置を計算する術を、筆者を含む多くの機関投資家は、資産運用の際、日常的に活用しています。シミュレーション思考を活用し、未来の位置をイメージした時、時代の転換点にあって、「動かないこと」がこれほどリスクになる「今」という時代はそうはないと感じています。

先行き不透明な時代だからこそ、現在より少し先でもいいので、「シミュレーション思考」を応用しながら未来の姿を鳥瞰《ちょうかん》（高所から全体を眺める）、想像し、人任せではなく、自分の人生を自らで決定していただきたいと思います。

本書が、不確実性の霧を払い、読者にとって、未来の選択に役立つことを願ってやみません。

塚口 直史

コロナショック後を生き残る日本と世界のシナリオ　目次

第2章 国難を救う思考と行動
――「鳥羽伏見の戦い」に見る勝敗の分岐点

第3章 社会の激変期と日本の選択
―昭和維新の失敗と敗戦に学ぶ、日本の潜在的リスクであるエネルギーと地政学

第4章

「超限戦」という見えない戦争の時代

第6章 17世紀のオランダに学ぶ、コロナショック後の世界への対応

第7章 コロナショック後の日本を取り巻く国際情勢

第8章 コロナショックと金融市場

第1章

コロナショックと世界の行方

現代世界に不可逆的変化をもたらした「コロナショック」

コロナショックが世界経済に与えた影響

今般のコロナショックで、世界は瞬時に、不可逆的に大きく変わりました。ニューヨークタイムズ紙は「B.C. and A.C.」というコラム*で、世界の激変ぶりを表しています。これは、「ビフォーコロナ・アフターコロナ」という意味を表す言葉です。

このコラムでは、中国・武漢に端を発する感染症がもたらした社会の激変は、「感染爆発が収束しても、世界が完全に元どおりになることはない」と指摘しています。

アメリカのジョンズ・ホプキンズ大の調べによれば、新型ウィルスの感染爆発が中国・武漢から欧米に到達、トランプ大統領が国家非常事態を宣言してから1か月（米

＊ Our New Historical Divide : B.C. and A.C. — the World Before Corona and the World After
Here are some trends to watch.
By Thomas L. Friedman　OpinionColumnist　March17, 2020
https://www.nytimes.com/2020/03/17/opinion/coronavirus-trends.html

東部時間4月15日時点）の間に、感染者数は世界で200万人を超え、13万人以上が亡くなったと報じられています。

防疫のため緊急策として取られた、ニューヨークやロンドン、ミラノなど、世界の主要金融センターを含む都市封鎖（ロックダウン）により、たった1か月の間にアメリカでは失業率が10％以上も上昇、大惨事になりました。

国際金融市場も例外なくパニックに巻き込まれており、2月下旬から3月中旬にかけて相場は暴落しました。その後、3月中旬に大規模な市場介入が行われ、ひとまず落ち着きを取り戻したものの、政府支援がなければ国民生活が成り立たない、「国家による管理社会と管理市場」に向けて歩みを早めました。

コロナショックは、世界の経済事情にも大きな影を投げかけています。

国際通貨基金（ＩＭＦ）は、2020年の世界全体の経済成長率について、4月14日、3か月前に示した予想の+3.3％から一気に引き下げ、「-3％まで大幅に落ち込む」という見通しを発表しました。これは、「未曽有の危機」と呼ばれるリーマンショックの影響を受けた2009年の-0.1％を大きく下回る水準で、ＩＭＦは「1929年に始まった世界恐慌以降で最悪になる見込み」としています。

内訳を見ると、アメリカが-5.9％で１９４６年以来74年ぶりの低水準になるほか、中国は+1.2％で１９７６年以来44年ぶりの低成長が見込まれています。日本は-5.2％で２００９年以来11年ぶりの水準になるとしています。このほか、ヨーロッパではイタリアは-9.1％、ドイツが-7％、イギリスが-6.5％に落ち込む見通しです。

ＩＭＦは、２０２１年、世界全体の経済成長率は+5.8％に回復するという見通しを示しているものの「感染爆発の再発がない」ということを前提にしている点に注意すべきでしょう。［文献１］

世界のＧＤＰの４割を占めるアメリカにおいて、戦前のスペイン風邪（最終的に推計１７００～５０００万人が亡くなったとされる）のように、新型コロナウィルスの感染爆発が繰り返せば、世界中の国々で死亡者が激増し、大きな経済需要の減退によって世界経済は大打撃を受けることになります。

自由意思による自律か、国家による統制か

経済が急激に疲弊していくと、各国各自はどんな手段を使っても生き残ろうとする

ため、残されたパイの熾烈《しれつ》な奪い合いになり、国際社会の緊迫度が急上昇することは歴史が示しています。

今回もコロナショックにより、各国に大きな「価値観の変化」が生まれ、国家間の関係にも大きな変化を迫ることが予想されます。

この「価値観の変化」は、防疫の方法において対称的な側面を見せました。

従来のリベラル（自由主義）な方法として「市民へのエンパワーメント（自律行動への権限付与）」を選択するか。それとは真逆の「国家統制の強化」による防疫のどちらを選択するかについては、実際に欧州各国でも大きな議論になりました。

ヨーロッパにおいて、市民の自由を保障する選択をした代表例はスウェーデンです。

スウェーデン政府は、50人以上の集会は禁止する一方、外出禁止や外食産業の営業禁止策は取らず、個人自由の侵害も極力行いませんでした。

長期戦を覚悟した上で、「人口の過半が感染し、抗体を持てば、経済に大きなダメージを与えることなく事態の収束を図れる」と考え、自粛を含めた各自の自制心と責任感に依拠した方法を取りました。

一方、国家統制の強化による手法の代表例は、一党独裁体制の中国です。

中国では都市封鎖やＩＴ技術による人権制限が容易に行えるため、強制隔離を徹底させる手法を採用しました。

もし中国の方法がスウェーデンの方法に比べ、死者数を劇的に減らすことになり、被害の抑制に効果的であると科学的に証明できたら、世界の価値観は従来のリベラルなものから、国家統制を重んじる方向へ大きくシフトする可能性が高まるでしょう。

わが国は憲法上、国家権力によって国民の人権を制限することが困難なため、スウェーデン同様の方法を取らざるを得ませんが、「緊急事態」における価値観の選択や、憲法そのものの改定について、今後も課題として残ります。

２０２０年4月15日、厚生労働省に設置されている感染クラスター対策班の主要メンバー・北海道大学大学院の西浦博教授らが感染拡大の推計などを公表しました。それによると「外出自粛などの感染防止対策を何も行わなかった場合、死者は42万人。人工呼吸器などが必要になる重篤な患者の人数については、15歳から64歳までがおよそ20万人・65歳以上で65万人の総計、約85万人に上ると報じられました。

西浦教授は「感染拡大の防止には人との接触を減らすことが有効だ。外出を極力控えて人との接触をできるかぎり避けてほしい」と呼びかけました。これは強制力のない「自粛」という形の協力要請ですが、価値観のチェンジを国民に求めています。

公衆衛生の基本は人々の無知に対する啓発活動ですが、啓発だけで人々の健康を守れない場合、何らかの強制力を持った社会的介入が必要不可欠になります。

政治的左派やリベラル（自由主義）の人から見れば、「個々人の自由を制限するような都市封鎖の強化は容認できない」ということになるのでしょうが、国民の生命が脅かされ、被害が拡大するのであれば、当然ながら、その価値観を放棄することも議論の俎上に上るはずです。

この点で、筆者は大きなパラドックスを感じざるを得ません。

中国が採用した都市封鎖という手法は、「個人の人権や一国の経済を犠牲にしてでも抵抗力の弱い高齢者を助ける」という点では従来のモラル規範に合致しており、真の意味での「リベラルな方法」という解釈になります。

逆に、スウェーデンの「外出禁止令を緩和、個人の自由を優先する時、結果として高齢者の感染確率を高める」という方法は、実質的に「弱者切り捨ての全体主義」とも言えます。そう考えると、都市封鎖に反対する人々の実態は「自称リベラル」であり、実質的には全体主義者になるというわけです。

このパンデミックの危機的状況の中、「リベラル」な理想を取るのか、一時的にせよ生命の危機を前にして現実に徹した私権制限を受け入れるのか、ということ含め、社会全体の価値観が劇的に変化し、強制的に選択を迫られつつあるのが、今の私たちが直面している社会状況なのです。

例えば、オランダは2002年4月に世界で初めて安楽死を合法化した国ですが、今回のコロナウィルス感染に対しては、プライバシー侵害問題につながる可能性が高いものの、感染者を含めた個々の位置情報について、国による一括把握ができるアプリケーションを開発中です。

さらにオランダでは「80歳以上のコロナ患者の受け入れを医療機関が拒否できる法案」も検討されています。

約2万8000名の感染者と約3000人の死者（4月15日現在）となって医療崩壊を経験した時、オランダのように自由主義国家であっても危機対応を優先し、従来の理念を修正するのに躊躇しない例が増えてくると、今後、感染者数の拡大が深刻になった場合、日本でもいずれ大きな選択を迫られるでしょう。生命を絶対視せず、社会全体の効用を優先する議論が国民の間で交わされるようになっていくと思います。

危機的状況下では「国家エゴ」が強まり、モラルハザードが起きやすい

歴史を振り返った時、天変地異や飢餓で生命の危機に瀕した人々は、たいていの場合、大部分の生き残りをかけて、ある程度の犠牲を払いながら、大きな価値観の革新的変化（パラダイムシフト）を迫られています。

個々人が生命の危機に直面して大きく価値観を変える時、必然的に社会もまた、大きく変容を遂げることになります。

例えば、17世紀の欧州は小氷河期に直面しており、18世紀後半まで続くものだったため、長期にわたって欧州各国は不作と飢餓に苦しむ状況でした。

人口の9割が農業に従事し、食料の防腐処理技術が未発達の時代、寒冷の長期化は、農業不作と飢饉につながります。

当時は多くの人々が栄養不足で免疫力が落ち、ペストやコレラなどの伝染病で亡くなっています。

そんな中にあってイギリスは、小氷河期の危機に直面した当時、大農場経営と工業化へと舵を切りつつ、海洋進出を積極化、海外輸出を振興させて飢餓の回避とさらなる生活水準の向上に成功しています。

その反面、海外輸出の果実を確たるものにする弱肉強食主義の下、モラルハザードに目をつぶり、アヘンの対清（中国）輸出を黙認、植民地獲得競争に邁進するなど、イギリス以外の国に多くの悪影響がもたらされています。

20世紀に生起した世界恐慌の場合でも、その構造は似たものがあり、英米仏では、保護主義によって安価な海外製品の流入をシャットダウンし、自国の雇用を守っています。なおかつ、有効需要の創出において、公共投資や軍備拡大に伴う官需の勃興に依存して、経済危機を乗り切っています。

一方「市場を持たざる国」であった日独伊の枢軸国は、英米仏の保護主義により市場を失い、多くの不利益を被っています。

そこで死中に活路を求めるべく世界新秩序建設のため、枢軸国によって第二次世界大戦の火蓋が切って落とされました。

そして21世紀の現代、コロナショックが生起しました。

「見えない戦争」と呼ばれる今般の大惨事に対応すべく、アメリカなどの大国は保護主義を先鋭化させ、自国内雇用を守ることに留意しつつ、公共投資の拡大など、官需依存を強める方向に世界が舵を切っています。

このことは、20世紀の世界大恐慌時の場合と同じく、米中を始めとした「市場」を有する大国の保護主義が多くの国に不利益をもたらすものになるでしょう。

各国の国家エゴがむき出しになる中、世界が資本の持ち合いで成り立ってきた相互の国際関係に齟齬《そご》をきたす時、先進諸国の財政問題が明るみとなり、世界の金利に上昇シフトを促すことは予想に難くありません。

その際、クラウディングアウト*が起きて、一人当たりの購買力が小さい、新興国の通貨価値が下落、生活物資の価格上昇が当該国の国民生活を打撃するため、これを厭《きら》う新興国によって、国境紛争が増える可能性が大きくなることは頭に入れておいたほうがよいでしょう。

＊クラウディングアウト
政府が資金需要のため国債の大量発行、減税、公共事業の拡充などの財政政策の結果、実質利子率の上昇を招き、投資が減少し、民間の資金調達が圧迫されてしまう現象。
これにより、国民所得の増加を妨げてしまう。国家間でも、クレジット（与信）力のある主体が余資を吸収してしまい、クレジット力のない主体の資金調達に齟齬をきたすという経済現象をもたらす。

危機に瀕し、国家エゴが引き起こした「アヘン戦争」

本節では大きな激変に国際社会がきしむ時、過去にどのような事象が起き、その事象の中でどのようにふるまうのが得策なのかを、将来の指針として抽出します。

まず、英・清間に勃発したアヘン戦争（1840年）前後の背景を見たいと思います。

アヘン戦争は近代史上かつてないほどの「国家エゴ」がむき出しになった、モラルハザードの見本例として有名です。

「不況を乗り切るためには、背に腹は代えられない」として賄賂攻勢に加え、ドラッグの密輸を大々的に行うイギリスの様相は、まさに何でもあり、エゴむき出しの当時の国家の姿を表しています。

それは幕末時の日本人を含め、当時の国際社会に大きなショックを与えました。

アヘン戦争の背景

「アヘン戦争」は1840年にイギリス・清（大清帝国）間で起きた侵略戦争です。

そもそも清とイギリスとの通商が原因となった戦争でした。英語圏では1840～1842年のアヘン戦争と、1856～1860年に英仏両軍が清と戦ったアロー戦争を同一の文脈で捉え、第一次アヘン戦争、第二次アヘン戦争と表記しています。

清は1616年に満洲で建国、1644年～1912年まで、現在の中国およびモンゴルを支配した最後の統一王朝です。とりわけ、康熙《こうき》帝（在位1661～1722年）、雍正《ようせい》帝（在位1722～1735年）、乾隆《けんりゅう》帝（在位1735～1796年）の三皇帝の時代に農地改革や税制改革によって繁栄を極めた帝国です。

しかし、ちょうど日本の幕末期に当たる時期、農地開拓が限界に達したことと小氷河期が重なって人口が頭打ちとなり、経済成長が停滞し、パイの奪い合いの中で賄賂が横行、政権基盤がきしみ始めていたのが当時の清の内情でした。

他方、イギリスも小氷河期に苦しみながらも、農業不況で職にあぶれた小作人たち

アヘン戦争

を工場労働者として使役する形で産業革命を成功させており、結果的に国民生活が大幅に向上、お茶を飲む生活風習が定着するなど、大消費国の性格を帯びていきました。ただし、イギリスが清との通商を開始した当初、茶葉を始め陶磁器・絹などを際限なく清から輸入するという、一方向の貿易関係だったのです。

産業革命下、イギリスは綿製品の対インド輸出で稼いだ、当時の貿易通貨である銀を、中国製品の購入で枯渇させる状況でした。そのため、大幅な対清貿易赤字の解消が急務となっており、支配下にあったインド産のアヘンを中国に輸出することで乗り切ろうとします。

清国では当時、経済成長が頭打ちになっていたことに加え、納税に必要な銀の生産が落ち込んでいたことから実質税率が上昇していました。そのうえ、激化する一方の徴税請負人の取り立てと、それに伴う汚職が拡大していたのです。

心ある清の官吏の中には、アヘンが清の国民社会から活力を奪っていくさまを危惧し、イギリスの商人を弾圧、アヘンの没収と焼却を積極化する者も現れています。

しかし、清の官吏によってイギリス商人のアヘンが没収されるたび、その賠償を求めて武力介入したのが当時のイギリスでした。

1842年、第一次アヘン戦争時に、長江を遡上し、南京の目鼻の間にある鎮江を陥落させたイギリス軍は、速やかに北京への糧道を発つことに成功、飢餓を恐れた当時の清皇帝である道光帝はイギリスと和睦するに至りました。

ナポレオン戦争を経て近代化されたイギリス軍との軍事力差は圧倒的で、清帝国軍は壊滅、清にとっての不平等条約である南京条約が締結されます。

戦争に敗れた清は、イギリス人が清領内で罪を犯しても、清の治安当局の捜査や逮捕ができない領事裁判権を強制され、貿易品目の課税対象や税率を決定する関税自主権を否定される憂き目に遭いました。

その不平等条約の詳細な内容は、香港のイギリスへの割譲に始まって広州・厦門《アモイ》・福州・寧波・上海の開港、戦費1200万ドルと没収アヘン賠償代金600万ドル、行商の負債合計300万ドル、総計2100万ドルをイギリス政府へ支払うことが課せられています。

こうした過酷な条約を守ることはできないとして、ほどなく清は第二次アヘン戦争になるアロー戦争を仕掛けていますが、再度敗北し、天津条約を締結。再和睦する羽目に陥っています。

その結果、外国公使の北京駐在、キリスト教布教の許可、外国人の中国内地での旅行・通商の自由、開港場の増加（牛荘、登州、淡水、台湾、潮州、瓊州《けい》の6港と鎮江、漢口、九江、南京の4市）、賠償金支払い（イギリスに400万、フランスに200万、合計600万両）に同意しています。

アヘン戦争は、中国に今なお記憶され、「西欧列強には弱みを見せれば骨までしゃぶられることになる」として大きなトラウマになっています。

現代の「アヘン戦争」――中国が仕掛ける超限戦

筆者はアヘン戦争前後の清帝国を考える時、現在のアメリカ社会に重なって見えて仕方ありません。

現在、アメリカではカリフォルニア州など、いくつかの州でマリファナが解禁されています。今回のコロナショックにより、ロサンゼルスでの都市封鎖を行う際、スーパーマーケットでの買い占め問題が話題となっていましたが、マリファナを販売する店の前に長蛇の列ができていたことは、それにも増して大きな話題になっていました。

格差が広がるアメリカに入り込むドラッグ

空前の貧富の格差が生じているアメリカ内でも、さらなる格差拡大が問題となっている地域がロサンゼルスを擁するカリフォルニア州です。

年収1000万円であっても、土地価格の騰貴で住居の確保に苦慮するため、当然、ホームレスも激増しており、大きな社会問題になっています。

国民皆保険制度を採用していないアメリカでは、医療保険を払えない人々が数多く存在し、通院もままならず、病苦を我慢しながら生活をしているのが現状です。

具体的に言うと、高齢者・障碍者向けのメディケア、低所得者向けのメディケイドの二つの公的保険でカバーできない部分は、勤務先が用意する民間保険に加入するか、民間保険を自前で用意する例がほとんどです。当然、無保険者も多く約3000万人に上ると言われています。

そうした状況をやるせなく思う人々に、マリファナは欠かせません。世界最先端の医療サービスを満喫できる大金持ちと、マリファナで痛みに耐え、現実逃避に走る多くの貧困にあえぐ人々が同居する地が、サンフランシスコであり、ロサンゼルスです。

マリファナについて言えば、2018年12月に改正された農業法によって、産業用大麻が規制対象物質から除外され、ほかの農作物と同じ扱いとなりました。法律が改正されたおかげで大麻業界の盛り上がりは「ゴールドラッシュ」をなぞらえた「グリーンラッシュ」と呼ばれるほどです。

世界の合法大麻市場は、2021年には314億ドル（約3兆5700億円）を超える規模にまで成長する見通しとなっており、今後、合法化する国が増えると見られる中、年平均成長率60％が予想されています。

中でも大麻の世界市場における売上高の90％を米国市場が占めています（ブライトフィールド・グループ報告書）。この比率が暫時漸減しているのは、カナダなどの他国でのマリファナ解禁が主な理由です。

恐ろしいことに、農業法改正によってマリファナが合法となった以上、これからは大企業の参入が見込まれています。例えば、「マルボロ」や「フィリップ・モリス」で知られるタバコメーカー「Altria Group」はカナダの大麻事業会社「Gronos Group」に投資し、同社の時価総額は18億ドル（約2000億円）になりました。

さらに、清涼飲料水大手「コカ・コーラ」はCBD*入り飲料の開発を検討していま

***CBD**
カンナビジオールは薬用大麻以外の麻にも含まれる物質。違法薬物マリファナのように酩酊状態にならず、依存性もないとされる。心身のリラックス、不安や心配の除去、ストレス、不眠、慢性痛の解消、うつ防止などの健康効果があるとされる。

す。子供から大人まで、社会にドラッグが蔓延する素地が生まれつつあるのがアメリカ社会の現実の姿です。

そうしたカリフォルニア州に押し寄せたのが新型コロナウィルスでした。

外出禁止令をアメリカの他州に先んじて行ったカリフォルニア州は、自宅蟄居《ちっきょ》強制が遅れたニューヨークほどではないとしても、感染爆発が起きています。

全米で言えば、あっという間に中国を追い抜き、感染者数世界一の100万人越え、死者も6万人を超えました（2020年5月1日現在）。一時は24万人が亡くなる可能性が政府から指摘されていました。

コロナショックに伴う経済不況によって、感染爆発からの6週間で失業者が3000万人を超え、これに伴って医療保険を失う人も激増していることになります。6000万人近い人々が無保険者となって生命の危機に怯えているのが、現代のアメリカ社会の現実です。

世界有数の強烈な学歴社会であるにも関わらず、学費が何千万円も必要であるため、結果的に機会の平等が担保されず、身分が固定化、生まれによって人生の天井が決められてしまう社会となっているアメリカでは、「命の沙汰も金次第」となって、多くの人々の絶望感を深くしています。

幕末当時の大清帝国もイギリスと世界一を争う大国だったのですが、科挙制度の下で学閥がはびこっていました。

敗者の絶望はアヘンの需要を生み、その中毒による国内の生産力低下と、西欧列強の軍事侵攻によって、瞬く間に大国の座から滑り落ちていったのです。

清帝国の民衆にしても、現代のアメリカ人にしても、過酷な貧富の格差拡大を眼前にして、その多くが閉塞した社会環境に絶望、アヘンやドラッグに溺れて現実逃避をする素地があり、薬物中毒がもたらす社会問題は拡大の一途となっています。

アメリカを蝕む中国産「フェンタニル」

社会的に問題となっているドラッグはマリファナだけではありません。現在、アメリカでは、慢性痛の治療に使われるオピオイド系鎮痛剤の乱用、蔓延がかつてないほど深刻な事態になっています。

アメリカのＣＤＣ（アメリカ疾病予防管理センター）によると、薬物過剰摂取による死者はここ数年で急増し、2017年に初めて年間7万人を超えると報告されています。

CDCの試算では、10人に1人の米国人が慢性痛を治療し、その多くが鎮痛剤としてオピオイドの効果に依存している可能性が高いと見られています。

薬物中毒の大きな原因は「フェンタニル」*です。もともとは合法的な「医療用鎮痛剤」の一種だったものが、モルヒネやヘロインの50倍以上の強さがあると言われ、幸福感が味わえることから巷で人気になりました。

ここ数年、中国で密造された違法なフェンタニルが、アメリカ国内で安価に流通し、中毒性も強いこともあって過剰摂取で死亡する人が急増しています。

オピオイド系鎮痛剤はアヘンとしてケシという植物から作られたものですが、1999年～2014年までの統計では、オピオイド中毒状態になっている人は全米で約190万人。死亡者は約16万5000人に上るとされます。

アメリカでは処方薬として購入できるオピオイド系鎮痛剤が、日本では違法薬剤であることも多く、「オキシコドン」は2015年6月、トヨタ自動車の女性常務役員が麻薬取締法違反容疑で逮捕された事件は記憶に新しいところです。

＊フェンタニル
麻酔・鎮痛・疼痛緩和で利用される合成オピオイド。1996年「WHO方式がん疼痛治療法」の三段階目で用いられる強オピオイド。日本では「麻薬及び向精神薬取締法」における麻薬に指定されている。

ドラックは貧民層から国を蝕《むしば》む

筆者は、今般のコロナショックが現代アメリカの抱える病巣、すなわち「貧富の格差拡大」と、「機会（衣食住・医療へのアクセス）の不平化」をあぶりだすきっかけになったと見ています。

将来の希望のない、貧しい人ほどマリファナに手を出すことが調査の結果わかっていますが、そうした人々ほどドラッグの使用で免疫力が低下しており、今般の感染死亡率も高いことが報告されています。

今回のコロナショックによる被害が増大しているのは、コロナ対策で通常患者の救急体制が麻痺していることから、救急患者の多くを占めていたオピオイド救急患者が助けを得られず、その多くが亡くなっているからです。

命の重さが平等でないことに改めてアメリカ市民は驚愕し、新たな国家像を描く必要性に苦慮する事態に陥っていると言えます。

今後、アメリカ当局が有効な手立てを打ち出せないなら、せめて経済だけは死守しようと、現行の社会体制を維持するため、異次元金融緩和や大規模財政拡大を可能な限り行使していくことになるでしょう。

社会へのダメージを防ぐあらゆる手立てが迫られる中、対応策として新手法を編み出すにはあまりにも時間が足りないため、既存手段の大規模化での対応になります。

しかし、人々へのセーフティネットを提供できないのであれば、政府が今まで見て見ぬふりをしてきた貧富の格差拡大や、それに伴う薬物中毒者の増加を含む、大きな歪《ひず》みが社会に爆発するでしょう。

絶望した人々による暴動を含む、社会的な大混乱をひき起こしてしまうことだけは何としてでも避けるべき事態として、当局は事態を深刻に受け止めています。

過去、天災や疫病の後、既得権益者が依拠してきた政治システムが転覆した例は、枚挙に暇がありません。賢い既得権益者であればあるほど、このことを心得ており、現行システムの維持のためならどんな犠牲もいとわず、返済の裏付けがあろうがなかろうが、お構いなしに財政拡大に邁進、当面の危機を何とか乗り切ろうとしてきた歴史は数多く見かけられます。

アヘン漬けにされ、徴税権も部分的に失った大清帝国ではその後、西欧列強に日本を加えた外国に蚕食《さんしょく》され、半ば植民地とされてしまいましたが、実はその前に空前の財政拡大によって富国強兵に努力しています。しかし、財政悪化のツケで大インフレとなり、民衆の信頼を失った帝国は辛亥革命を経て崩壊してしまいました。

現代の超大国アメリカが、中国製ドラッグや中国発ウィルスに蚕食されている状況は時空を超えた皮肉に思えてなりませんが、いずれにせよ、かつてのスペイン風邪のように数年間にわたって新型コロナウィルスの感染爆発が再発する場合、不透明性の高い社会に絶望する人々が増えることになるでしょう。その際、ストレスを抱えた国民が増加し、そこには間違いなくドラッグが拡大する素地が生まれます。そして、社会不安を抑えるため、返済可能性を度外視した財政拡大が続くでしょう。

今後、ドラッグの水際摘発は、あらゆる国において傾注するべき項目であり、予算を増額し、厳しく取り締まることが肝要ですが、気になる点はアメリカが「グリーンラッシュ」をわが国を含む海外にも求め始める可能性です。

今は荒唐無稽に思えるかもしれませんが、歴史を振り返る時、社会がドラッグ漬けになり、それを防ごうとする国際関係の変化、または財政拡大がきっかけとなって国が傾く可能性も実際にあったのです。

幕末と現在の対比から見る今後の日本の針路

「アヘン戦争」は、幕末当時の日本人にも大きな意識変革を促しました。

温故知新の観点からコロナショック後の日本を語る時、まず外すことができないのが、社会の激変を経験した幕末期です。一般的に「幕末」とは、黒船来航（1853年）から明治維新（1868年）までの時期を指すと定義されます。

実際、黒船来航は、露寇事件（1806～1807年）、アヘン戦争（1840～1842年）、コレラの蔓延（1858～1862年）に続く、明治維新に向けての第4のトリガーになりました。

このうち、第1のトリガーとなった露寇事件については第7章（→266ページ）において詳述していますが、露寇事件にせよ、黒船来航にせよ、幕末の日本人にとっては、弱肉強食時代到来の号砲となった事件と言えます。

当時の疫病であるコレラへの恐怖とともに、西欧列強の中国での蛮行が日本の民衆にも伝わってくるタイミングで、通商を求めて日本に来航してきたのが黒船でした。「日本人の意識が大きく変わるきっかけになった」と学校で教えられてきた方も多いのではないでしょうか。

黒船来航に伴う社会変化の本質

黒船来航はマシュー・ペリー総督に率いられた4隻のアメリカ東インド艦隊の浦賀沖来航を指し、幕藩体制をゆるがせにしたとされます。

後発の帝国であるアメリカはイギリスに対抗し、商圏を中国に確立するための兵站《へいたん》基地がアジアのどこかに必要で、それがフィリピン以外には日本だったのです。

19世紀の初めにナポレオンに本国を占領されるなど、弱体化したオランダ以外の西欧列強との通商を日本も考えており、アヘン戦争の経緯を固唾《かたず》を呑みながら見ていたのが当時の幕府です。

しかし、アヘン戦争前後の清国と西欧列強との通商に、国家主権を段階的に奪取し

マシュー・ペリー

ていく様子を見て取った幕府は、「通商の開始は断じて避けたい」と考えるようになったのは当然の成り行きだと言えます。

アヘン戦争とアロー戦争の経緯と結果を見た時、幕府は「西欧列強との通商が短期的に利があったとしても、そのうちアヘンを持ち込んで内憂外患を生み出すことになり、親善や交易は長期的に見て危険」と考えるようになっていたのです。

招かざる客であった、1853（嘉永六）年の黒船来航でしたが、幕府にとっては突然の話ではありませんでした。「露寇事件」以来、幕府の対外諜報努力もあって、アメリカ艦隊の存在や艦名・隻数、近いうちに来日するであろうという詳細が事前に把握されていたからです。

黒船の来航については、幕府による徹底した情報封鎖のため、江戸の民衆は何も知らされていなかったこともあって、突然、ペリー艦隊からの数十発以上にも及ぶ祝砲でパニックになってしまったのです。

戦乱を避けようと、多くの人が荷物を抱えて江戸を離れていくほどの混乱を引き起こしてしまい、幕府への不信と民衆の怒りが攘夷・維新に向けた大きなうねりにつながっていったのです。

半年後、ペリー艦隊は香港発、琉球経由で、再度浦賀に押し寄せてきます。前回に倍する9隻の軍艦を伴っての恫喝外交を実行するためでした。

結局、これに恐れをなした幕府側の妥協によって締結されたのが日米和親条約です。条約内容を見ると、もともと開港されていた長崎に加えて、下田と箱館（現在の函館）が開港されます。妥協の結果でしたが、詳細を見るとアメリカ人が自由に往来できる範囲を、下田の場合、港から7里（約27キロ）に限定、伊豆の地形上、海峡や山脈に遮られて外国人の姿や行動が人々の耳目から隔絶されるように工夫されています。

こうして、開国と言っても実体は骨抜きとなっており、当時の異人嫌いの孝明天皇から幕府が表彰されるほどでした。

しかし、その後の数年間で、どうにもならないほどの軍事力格差は埋められません。幕府は意向を西欧列強に通すこともできず、外国人の存在を民衆の目から遠ざけることも不可能になっていました。朝廷の反対があったものの、結局、彼我の現状を受け入れ、事実上の不平等条約になる日米修好通商条約の締結となりました。

国民不在の政治判断が後々の動乱につながる

ここで注意しておきたいのが、歴史的に見て日本の統治機構は「依らしむべし、知らしむべからず」という手法を国民に多用しがちであることです。

後々の国民生活に大きな影響を与える外交問題については特に、詳細を公にせず、国民の審判を経ずして解決していく姿が昔も今も通例のようです。国民もお上任せで我関せず、いつまで経っても選挙の投票率は低いままです。

しかし、世界が激変する時期の外交的判断を誤った場合、取り返しのつかない大きな禍根が、長期にわたって日本にもたらされます。政府は、大きな決断であればあるほど、国民の議論・審判を経た上で外交問題を処理すべきでないでしょうか。

往々にして、秘密裏に行う判断は責任の所在が不明確となり、そこが重要なターニングポイントであっても、議論もなく突き進んでしまうことで、悔やんでも悔やみきれない過ちを伴うことが、歴史を振り返ってみると明らかになっているからです。

日米修好通商条約の場合、アロー戦争（1856～1860年）により清帝国が英仏に蹂躙《じゅうりん》されていた時期の締結でもあり、対英仏への幕府の恐怖を背景に、「日本の独立を支援する」というハリスの巧みな誘導が機能しています。朝廷の反対を押し切った幕府によって日米同盟が早期締結されました。

内容を見ると、開港場所として兵庫・横浜・新潟などが追加されています。江戸や大坂の市場にアクセスできるようにもなっており、民衆の耳目から外国人を排除することは不可能でした。さらに日本側に関税自主権はなく、領事裁判権（治外法権）を付与するとともに、片務的最恵国待遇がアメリカに与えられていました。

ただし、本条約はイギリスなどが清帝国と締結していた条約よりも優遇されているとも読める内容になっている部分もあります。

例えば、輸入関税率が5％ではなく、日本側の提案した12・5％でもなく、それより高い20％に設定されています。

こうした歴史的な数値と対比させた時、昨今のトランプ大統領が主張している25％という輸入関税率が、伝統的な自由貿易という概念から逸脱したものであることは明確です。

本条約が問題となったもう一つの理由に、アメリカにとどまらず、条約締結国が拡散してしまったことが挙げられます。

というのも、アメリカとの協定を見たイギリス・フランス・ロシア・オランダに加え、ポルトガル・プロシアまでもが幕府に押しかけ恫喝してきたため、彼らとも条約を結ばざるを得なかったのです。

この俗に言う「安政の条約締結」が幕府にとって予期しなかった規模で拡大してしまったことは、後に維新運動を刺激し、世間に騒擾《そうじょう》を生んでいくことになります。

国内では不平等条約が殊《こと》さら強調され、幕府の弱腰を雄藩が糾弾することにつながる導火線となったのです。

幕府があれほど恐れていた幕威の低下が現実のものとなり、国体の動揺につながる維新運動へと発展していきました。

もとをたどれば、対米条約締結の際、幕閣が朝廷や雄藩、民衆に説明責任を果たさなかったことが仇となり、独断で行った外交が不協和音を国内に醸成、後の攘夷運動や討幕の動きにまでつながっていったのです。

コロナショックと世界秩序の再編

翻って現在の国際情勢を見た時、あらゆる国がコロナショックを経て、外国との関係、安全保障、および通商政策を巡って大きな変更を迫られつつあります。

あらゆる国が国難に直面する中、どの国や組織が自国を援助してくれたか。その速さや規模、質はどうであったかなど、既存の同盟国や同盟関係が自国に有意に機能したのかを改めて確認する機会になりました。

これは、自国に有利で長期的な関係を結ぼうという試み、交渉が世界中のあちこちで、同時進行的に開始されるきっかけとなりつつあります。

その際、外交的な工夫が必要になるはずで、ある程度、長期間にわたる話し合いになることが想定されます。いずれにせよ、今後の数年間で国際社会の再編劇を見ることになりそうです。

コロナショックへの防疫対策は、医学だけの話にとどまらず、社会的価値観の問題でもあります。多数を犠牲にしてでも社会的弱者の利益を重んじるのか。あるいは少数を犠牲にして絶対多数を助けるのかという選択です。

高齢者や薬品中毒者などの少数を切り捨てた国の傾向としては、この論理を国際社会での関係構築にも当てはめることが予想されます。弱小国を切り捨てる方向で強いリーダーシップを発揮することにより国民の支持が得られ、国益追求に邁進することを善とするでしょう。そうなると強国が割拠する世界が現実化する可能性が濃厚です。

周辺国が弱肉強食時代へと回帰していく中、筆者が考える今後の日本においてのワーストケースシナリオは、「国民を依らしむべし、知らしむべからず」の対応を政府が採り続けることで、なし崩し的な体制変換が図られていくということです。例えば、

第一ステップとして、深刻な感染爆発が生じた場合、高齢者や社会的弱者を救う「ロックダウン」という手法が一見すると全体主義的に見られるため、一部で抵抗が大きくなり、政治がフリーズする間にさらなる感染の蔓延が起きる。

第二ステップとして、その結果、多くの死者が出てしまうことにより、政権・行政への批判が高まり、なし崩し的に「高齢者・弱者切り捨て」というモラルハザードを含みつつ、既存の価値観が崩壊し、グダグダの中で本当に全体主義に移行してしまう。

最終段階として、その後に訪れる失敗は極端な形での反省となって、私権より社会の利益を優先する全体主義をよしとする社会を作りかねない。

こうしたシナリオは最悪です。

今、日本はスピーディーな政治判断や行政手続きが国民の生命や財産を守ることにつながる局面であり、判断や手続きの「質と迅速さ」が求められる状況です。

社会的価値観を問う世紀の局面でもあることから、後に総選挙で広く民意を問うことを条件に付けた上での緊急対応にするなどの工夫があれば、「安政の条約締結」のような秘匿、独断という禍根を残すこともないでしょう。

激動する世界に合わせて価値観も変わらざるを得ませんが、筆者は日本の未来を楽観視しています。

ペリー艦隊が浦賀に停泊していた折、闇夜に紛れて小舟で黒船に乗り付けた日本人がいました。若き日の吉田松陰です。

「旧弊に侵され、政治的停滞が激しい日本の将来は暗い。このままでは植民地になる可能性が高い」という悲壮な思いから、外国で技術や政治体制を学ぼうという必死の直訴でした。当時は海外渡航は国禁であり、文字どおり死を賭した訴えです。

結局断られているものの、ペリー提督は「教養豊かな日本の若者が死を顧みず、激しい知識欲に突き動かされて直訴している。興味深いこの国の、なんと希望に満ちた前途だろうか」というような内容を日記に書き残しています。

国の力を借りずとも新世界へ独力で船出し、立ち向かう個々の日本人がいる限り、日本の未来は明るいと筆者は楽観的です。

次章以降は、こうした国際情勢の再編劇の想定も含め、激動する世の中において、温故知新による、わが国の針路のヒントを抽出してみたいと思います。

▼今後予想されるシナリオ・ストーリー

□感染危機や経済危機に瀕した社会ではまず、ドラッグの蔓延が社会問題化することになろう。

□歴史を振り返る時、そうした致命的な社会不安を抑制するため、度を超えた財政拡大の発動とガス抜きとしての国境紛争の拡大を用いて、お茶を濁す政府対応が散見される。

□この場合、地政学リスクが上昇し、国際関係の再編問題が急浮上する。日本は米中間紛争がもたらす極東アジアでの緊迫度の高まりに注意すべき。注目度の高い順に言えば「アメリカによるサプライチェーン再編に伴う、中国からアメリカおよび同盟国への工場移転」が挙げられる。また、中国への半導体基幹部品の禁輸など、アメリカの対中経済制裁や同盟国への協力が求められる可能性に留意すべき。

第2章

国難を救う思考と行動

―「鳥羽伏見の戦い」に見る勝敗の分岐点

今、「鳥羽伏見の戦い」に注目する理由

「この世をば　しばしの夢と聞きたれど　おもへば長き　月日なりけり」

これは「最後の将軍」と呼ばれた徳川慶喜《とくがわよしのぶ》辞世の句です。慶喜は幕末、明治、大正を生き抜き、１９１３（大正２）年に76歳で世を去りました。夢にうなされ、ハッと飛び起きては「あの時こうしていれば」と、何度嘆息したことでしょうか。明治の御代、そうした苦悩を抱えて生きた慶喜の姿を想起せずにはいられません。

明治維新から数えて１５０年の２０１８年は、大河ドラマ「西郷どん」を始め、テレビや雑誌で明治維新前後の日本を取り上げた特集を頻繁に目にしました。

１５０年というキリのよさも理由でしょうが「開国（グローバリズム）と鎖国（アイ

徳川慶喜

ソレーショニズム）の相克」という日本を取り巻く内外の揺らぎが起きていた幕末当時と、現代日本の姿がオーバラップして見えることも一つだと思います。

西郷隆盛と「鳥羽伏見の戦い」

明治維新を語る時、なくてはならない人物の筆頭が、薩摩藩の西郷隆盛《さいごうたかもり》です。彼の偉業は一体何かと問われれば、第一に江戸無血開城が挙げられるでしょう。しかし、詳細に史実を追っていくと、真の歴史的偉業は「鳥羽伏見の戦い」を新政府軍の勝利に導いたことであると筆者は考えています。

時代の変革を受け入れられず、遅々として時代に応じた国家変革をなし得なくなった幕府を討滅し、時代の変化に対して柔軟に対応できる素地を新生日本にもたらしたことこそ、西郷隆盛の偉業だったのです。

時代の「壊し屋」としての側面が、日本史における西郷の存在意義でした。

西郷隆盛

社会の変革期には「ビジョン」と「変化に対応した打ち手」が必要

わが国の歴史を紐解いて見た時、「明治維新」と同等の大きな転換点と言えば、幕末期以前では「戦国時代」、幕末期以後では「戦前の昭和期」、そしてまさに「現在」が、そうした大きな岐路に立っていると見ています。

その岐路において、私たちの先人は産みの苦しみを経験し、「禍《わざわい》」の後、以前にも増して快適な社会を手に入れてきた事実を認識すべきでしょう。

「明治維新」という事象は、現在の私たちが直面する難題への一つの解答例と筆者は見ています。先が読みづらくなった今だからこそ、歴史を振り返ることは大きな果実を得るために多くの教訓が得られると考えます。

徳川慶喜は変革の反対側にいた人物です。変革に成功して快適な社会を手に入れた大多数の人々とは真逆の思いを持って、大正時代まで後悔の人生を送った人です。

慶喜は華族となって余暇を過ごす余裕を持っていましたが、私たちには慶喜のように悔やむだけで人生を終えられるような余裕はありません。産みの苦しみを経てでも、変革を果実に転化し、味わう側にいなくてはならないのです。

明治維新を決定づけたのは「戊辰戦争（１８６８～１８６９年）」ですが、限定して言えば、戊辰戦争の初戦となった「鳥羽伏見の戦い」（１８６８年）こそ、現代日本の礎《いしずえ》だったと言えます。

鳥羽伏見の戦いは、その重要さにもかかわらず、詳細はあまり知られていません。しかし経緯を詳しく追うと、ほんの一瞬の判断の違いから戦乱が生じ、戦いの趨勢《すうせい》も紙一重の差で決定しているのを見て戦慄します。明治維新、ひいてはアジア有数の独立国家日本が、奇跡的に生まれた国体だったということが改めて認識されるのです。

奇跡的とはいえ、最も重要な点は「執念の差」が紙一重の差をもたらし、大きな結果の違いを生んだことにあります。

そこで本章では「鳥羽伏見の戦い」を取り上げ、その前後の日本を取り巻く、激変する国際情勢の中、世の中や戦況の変化を予測し、いかに間断なく最善手を打つことが勝利につながるのかを中心に検証してみたいと思います。

鳥羽伏見の戦いを正しく理解する前に、特にその前後における内外情勢を鳥瞰《ちょうかん》しておきます。

一般的に、「薩長を中心とする新政府軍が圧勝した」と言われてきたのが鳥羽伏見の戦いです。しかし、実際に新政府軍は兵数で旧幕府軍の1／3、対する旧幕府軍は「伝習隊」と呼ばれる西洋式武装歩兵隊を有し、万全の備えで新政府軍に臨んでいたことはあまり知られていない事実です。当時、新政府軍が旧幕府軍を圧倒するなど、誰にとっても想定外でした。

旧幕府軍の「伝習隊」は幕府に肩入れするフランスの支援を受け、仏軍士官による調練と仏軍から受け入れた最新式歩兵銃によって装備された最新鋭部隊でした。

一方の薩長などからなる新政府軍はイギリスの支援を受けており、戊辰戦争は英仏の代理戦争の様相だったとも言えます。単なる「内戦」という見方だけでは、当時の動きを理解するには不十分です。

そこで本章では、幕末から明治維新に至るまでに行われた「シミュレーション思考」の壮大な実践の様相を「鳥の目（鳥瞰）」と「虫の目（ミクロの視点）」で追ってみたいと思います。それは150年前の幕末日本で実際に国家規模で行われた、討幕側と旧幕府側による「読み」と「打ち手」の激しい応酬だったのです。

「鳥羽伏見の戦い」前夜の国内情勢

動乱の根底には庶民の経済的困窮がある

「古より国家の動乱は人心の動乱より起り人心の動乱の基は十に八九は米價不勝手より起る者の由承及候」（古来、国家の動乱は人心の動乱から起こり、人心の動乱のもとは十中八九、米価〔物価の意味〕の高騰による生計困難によって起きると聞き及んでいる）［文献1］

1851（嘉永四）年7月、薩摩藩歴代きっての名君と謳われ、西郷隆盛を在野から見出した島《しま》津《づ》斉彬《なりあきら》が残した言葉です。「国政の成就は衣食に窮する人無きにあり」とも語っています。

島津斉彬

過去、幾度となく起きた危機を利用し、大きな差をつけながら羽ばたく国家や会社、個人は後を絶ちません。幕末の島津藩はその代表例です。

「動乱の基は米價不勝手から生起する」――まさに2020年、中国・武漢に端を発する新型コロナウィルスのパンデミックが日本と世界を巻き込み、経済不況を引き起こしており、米中断交も取りざたされるなど、社会不安が拡大しました。

ただし、揺らぎや不透明性の拡大を必要以上に恐れる必要はありません。古来、時代の揺らぎは、投資やビジネスにとって大きなチャンスとなってきたのも事実です。不透明性の拡大こそ「リスクプレミアム」という、投資リターンへの特別ボーナスを投資家に提供してくれることになるからです。

このチャンスをものにすべく、私たちの先人が、前人未到の苦労を重ねて紡ぎ出してきた「明治維新」という事象を振り返ることで、未来に役立つ多くの教訓が得られるに違いないと筆者は考えています。

最初に申し上げておきたいのは、明治維新は一言では言い表せないほどカラフルな特徴と連綿と続く因果関係の帯を内包していることです。これは、明治維新に至る過程の折々に掲げられた大義名分を見てもわかります。井伊直弼の「佐幕開国」からはじまって、長州の「尊王攘夷」、薩長土肥の「尊王開国」へと、次々に流転していきました。鳥羽伏見戦を語る前に、維新史という「帯」に注目し、変転極まりない事象の背後に展開する「変革の論理」を究明してみます。

維新前の経済状況

「国家の動乱は経済不安が招くものだ」という島津斉彬の言葉は、押し寄せる開国時代に対応できなくなってきた封建制度に立脚する幕藩体制にあって、トップとしての危機感を端的に表したものです。今後起こり得る体制変換を、経済矛盾の深みで捉えた箴言《しんげん》（警句、戒め）と言えます。

この言葉が記されたのはペリー来航の2年前で、黒船来航という外部影響によるものではありません。つまり、「文化・文政・天保」という19世紀初頭から頻発し、大規模化した農民一揆に端を発する「内憂」から出てきた言葉だったのです。

そもそも、一揆の発端の一つに、長期化していた国内の経済低迷がありました。

18世紀当時、世界的に見て地球の小氷河期にも似た悪気候が続いていており、食料供給が滞っています。

加えて、火山活動期に入った日本は地震や津波などの自然災害が頻発していました。19世紀の江戸時代は、今まで急激な人口増大を支えてきた食料供給のもとになる灌漑・干拓（鎖国下唯一のニューフロンティアの開発）も難しくなり、飢餓が頻発していたのです。苦労して農民が額に汗して手にした僅かな稼ぎを、当時の総人口約3000万人の1割にも満たない武士が、その過半を持ち去っていきました。

幕府も藩も財政難で、武士は俸禄返上（給与の半分をカット）を迫られ、それに倍する負担が農民へのしわ寄せという形になっていたのです。

経済成長がストップすると、限りある成果物の取り合いが生じるため、悲惨なダメージを多くの人々に与えます。「国内での弱肉強食」――これが教科書に載っていない幕末における日本の姿です。その結果、ダメージを受けた人々の側に憤怒が蓄積し、次の大きな変革に向けた波動を作っていく素地になるのです。

明治維新を語る時、王政復古の大号令が行われた1868年から語っても、明治維新の本質はつかめません。大変革のエネルギーの根本であった、「理不尽に苦しむ大衆の怒りがもたらした明治維新」という因果関係が見えてこないからです。

階級格差が持続不可能にまで拡大した江戸末期の社会の姿を念頭に置けば、皮相な歴史解釈で維新の変革を捉えるのではなく、「社会の理不尽にエネルギーを得た民衆の台頭」こそが明治維新の本質だったことがわかります。

時代に合わない政体は、過剰な国民負担をもたらす

幕末当時、農民もやられたい放題ではありませんでした。商品作物の栽培拡大です。当時、ほぼ無税だったのが商品作物の栽培から得られる利益でした。藍やタバコ、お茶といった、米以外の作物を市場で売却、生活の糧とする動きが盛んになっていくのは当然の理だったのです。

結論から言えば、農民たちが手にしていたラストリゾートまで幕府や藩が牛耳ろうとしたことが、農民の憤怒を呼び、討幕に向かう素地になったのです。

当時の商品作物の生産・売買は次のような流れで行われていました。

まず、地元民から商品作物を買い上げる地元商人がいます。

次に、彼らがそうした作物を大坂に集積して全国的に商品作物として値付けし、取

引する大坂の豪商たちの存在があります。

最後に、大坂で値付けされた商品作物が再度、全国に販売されていく仕組みでした。川上から川下まで、幕府の監視下、秩序立った市場経済が寡占統制され運営されていたのです。

こうした江戸時代の経済システムは、豊臣秀吉の跡を継いだ豊臣秀頼と徳川幕府の二重公儀体制当時の仕組みが基になっていました。しかし、時代が経るにつれ、制度劣化がひどくなり、この寡占型統制経済システムの欠陥を利用した大名や役人が、特定商人と結託して荒稼ぎするという綻《ほころ》びが出ていました。

荒稼ぎの仕組みは、大名が大坂に伝手《つて》のない農民から産物を安く買い叩く、あるいは、諸侯と結託した豪商が強制的に藩内の産物会所で買い取ることにして、独占的に売り払う手口です。その逆もあって、大坂でほかの商品と交換、藩内で高く売りつけます。まさに、時代劇に見る「悪代官と極悪商人による、汚職と賄賂での悪だくみ」そのままの姿がはびこっていたのです。

もちろん、農民たちも黙ってはいません。産物会所の廃止と産物の自由売買を求めて、全国で一揆が大規模化していきました。

低税率の商品作物生産の過程では、農民に生きる望みや生産の喜びがあり、そうした幸福を、連帯して集団で守っていくことで利害が一致、横の連帯によって一揆の規模が拡大していく源泉になりました。

例えば、タバコを作る過程では、盗みや虫の害を防ぐために昼夜交代で見張りをしたり、水手を管理したり、皆で協力する必要があります。個別で産物会所に持って行くより、皆で持って行って一本値で売ったほうが売り手にも有利でした。最終的に、こうした共同生命体が大規模一揆の源となったのです。

幕府も藩も、大衆によるこうした反撃にたじたじになります。財政赤字が慢性化しており、資金のかかる武力鎮圧が不可能だったからです。

そのため、農民への妥協の産物として徳政令を乱発、商人にそのツケが回されていくことになりました。

経済成長が止まった時、パイの取り合いが始まる

これから詳細を述べていく鳥羽伏見戦を前に、さらにしつこく経済や台所事情に端

を発した階級間の確執を述べているのは、明治維新に至る変革の過程で、

●名もなき民衆の塊《かたまり》　●支配階級　●商人

の間の根本的な矛盾の拡大こそが、明治維新の原動力だったことを確認しておきたかったからです。

持続的な繁栄を実現するには、「商売が売り手と買い手が満足するのは当然で、社会にも貢献できてこそよい商売だ」という近江商人の「三方よし」という考え方がありますが、その真逆の姿（自分さえよければいいという態度）があったのです。

これは支配者間でも言えることでした。幕府と雄藩の間でも「商いの利の取り合い」が始まります。

例えば、長州藩の商人たちは、国内商品作物や対外貿易を寡占・独占支配しようとする幕府の統制経済を避けるべく、大坂経由ではなく、薩摩や他藩との直接商いで国内貿易の利益を拡大していきました。

必然の結果として、こうした密貿易から莫大な利益を得られる長州藩の豪商は、薩

長同盟支援に向けて莫大な資金援助を惜しまなくなります。

ましてや、一揆に妥協して徳政令を乱発するような幕府は、商人にとっても堪え難い存在となっていたのです。薩長が国内の豪商や外国を巻き込み、持てる者と持たざる者との間で、大きな闘争が起きていく素地が醸成されていきました。

国内の経済成長に天井が見え、対外貿易（または対外侵略）でも活路が見い出せず、中央政府の統治能力が破綻しつつある時、国内において「生存をかけた階級間（支配層と非支配層）による経済力の争奪戦」が始まることが、往々にして歴史で見られるパターンです。対外関係で言えば、戦争を伴う動乱の時代です。

混沌化しつつある世界に日本はどう対峙すべきか

一例を挙げれば、新型コロナウィルス感染を防ぐため、多くの先進国が国情を優先、これまで慣れ親しんできたグローバリゼーションとは真逆の政策＝事実上の鎖国主義を打ち出す事態を目の当たりにしています。

それも、国民間で充分な議論を尽くしたわけではなく、たった数日、数時間の協議を経たに過ぎない例が多く、あまりの展開の速さに驚愕するばかりです。

しかも、この社会の変化は日本のみならず、地球上のあらゆる国において「不可逆的な流れ」と認識されつつあります。長期投資家として高名なウォーレン・バフェット氏ですら「時代は変わった」として、航空機会社の持ち株すべてを売却したことを公表しているほどです。

では、「現在の西郷は誰か？」と問われれば、それはアメリカのトランプ大統領をおいてほかに想像できません。

アメリカを頂点として形成されていた「グローバリゼーション」という、国際分業体制を基本とした世界秩序は彼によって崩壊の過程にあり、リアルタイムで飛んでくる日々のトランプ大統領のツィートによって、大きなきしみと崩落の音を私たちは眼前で見聞きしていることになります。

「鳥羽伏見の戦い」の実際

鳥羽伏見の戦い・約3か月前（大政奉還当日）

では、本題に入りましょう。「大政奉還」から「鳥羽伏見の戦い」の結末に至る流れを見た時、あらゆる可能性を想定し、未来をベースに、「今」の打ち手を選択することの大切さがよくわかります。戦略的に「引き下がる」という決断を選べる人はそう多くいませんが、撤退こそ最善手となる例があります。「今」を基準にするのではなく、「未来の姿」をベースに引き下がるという判断を下した好例が大政奉還です。

慶応三年10月14日（1867年11月9日）、薩摩藩が倒幕の密勅を朝廷から得て、武力倒幕を行おうとした日が、偶然、大政奉還の当日という幸運も彼に転がり込んでいます。

慶喜の思惑と会心の「大政奉還」

大政奉還はまさに慶喜にとって会心の一撃でした。薩長は武力クーデターの目的であった政権転覆という大義を失い、クーデターが未遂に終わることになったからです。大政奉還という前代未聞の事態に、次の一手が見えなくなって動揺するばかりの大藩諸侯を尻目に、慶喜の思考が冴えわたります。「守り」の一手としての大政奉還に加え、次世代の構想として自らを新たに「京都徳川幕府」の将軍に任命するという形で、大政奉還が「攻め」の妙手につながっていったからです。

慶喜は事前に練り上げていた構想を矢継ぎ早に繰り出します。その構想とは、旧幕藩体制を廃し「大君（たいくん）」という大統領（徳川慶喜）の下に統括された二議会制と内閣制度を有した新政府が日本の未来を率いる」ということです。その際、天皇は帝《みかど》として政権中枢からは除外されます。

朝廷に提出した慶応三年10月14日（1867年11月9日）付の慶喜の手紙（「政権ヲ朝廷ニ奉帰建白写」）では「引き続き国家運営の任に当たることができたら幸いであり、諸侯を指揮して国家に奉じる」という内容が見られ、今後、首班としての立場を自ら明確にしていることから明らかでした。この草案は、大政奉還前日の慶応三年10月13日に幕臣西周《にしあまね》と慶喜が示し合わせて書き上げられています。［文献2・3］

大政奉還したとはいえ全国3000万石のうち、未だに徳川慶喜は最大の800万石を保有していました。しかも全国規模の国家運営経験を持つ人間は、慶喜ただ一人で、新政権の首班指名を再び受けることは、誰の目から見ても確実だろうと先読みしていたのです。

大政奉還の報を受けて開かれた江戸城での大評定では、勘定奉行小栗忠順《おぐりただまさ》を始めとする革新官僚たちが政権返上に猛反対したことも完全に退けています。

幕府を積極的に支えてきた会津藩などの譜代藩も、江戸や京都で猛然と大政奉還に反対意見を表明しましたが、慶喜がものともしなかった理由は、「将来、攻めに転じる布石として今の撤退」という理論に基づいていたからです。

主君の思惑を読み切れなかった会津

一方、こうした先読みに次ぐ先読みが不得手だったのが会津藩です。大政奉還をきっかけに、どんどん時代に取り残されていく焦燥感から、この時期、坂本龍馬を暗殺し

西周

坂本龍馬

ていますが、大政奉還を引き起こすきっかけを作り、さらに次の変化をもたらす可能性のある裏工作をしていた龍馬が彼らの逆鱗に触れ、混乱の種を蒔く者として排除することは当然でした。

しかしその後、坂本龍馬を暗殺された土佐藩は討幕側として参戦しており、慶喜からすれば、会津藩はまさに「親の心子知らず」となっています。時代を読めず、打つ手がすべてピントから離れたものとなって、後に没落の悲哀を生むことになりました。慶喜の心の裡《うち》——幕府が日本随一の陸海軍を擁している以上、無血での京都新幕府設立が可能であるという心算——も最後まで会津藩が理解することはありませんでした。

鳥羽伏見の戦い・約1か月前（大政奉還から55日）

慶喜の思惑を叩く、薩長の工作

ところが、慶喜への首班指名が行われると考えられていた諸侯会議直前の慶応三年12月9日（1868年1月3日）早朝、王政復古のクーデターが勃発します。薩摩藩が御所の九門を武力閉鎖した上で、王政復古の大号令が発せられました。朝廷は慶喜に内大臣や800万石没収の「辞官納地」を迫る、大どんでん返しが起きたのです。「家康公の再来」とまで恐れられた慶喜の智謀を前にした薩長の宮廷工作がぎりぎりのところで奏功した結果でした。思惑が大きく外れた慶喜は顔色を変えながらも、事の成り行きを京都二条城で見守ることに決めました。

これが鳥羽伏見の戦いの約1か月前、大政奉還後に天下が慶喜に転がるかに見えて、薩長側に急転直下で傾いていった、激しい政権闘争に揺れていた幕末日本の内幕です。

巷で言われるような、大政奉還によって薩長が思惑どおりの政権委譲を勝ち取ったわけでは決してなく、土壇場での薩長側の政治的勝利だったと言えます。

しかし、驚天動地の辞官納地を迫られた幕府内では、怒りに燃えた幕臣が暴発するのは時間の問題でした。

慶喜の一手で薩長は窮地へ

ここで慶喜はさらに驚きの行動を取ります。「我に深謀あり」と言い残し、12月12日に二条城を去り、大坂城に下坂するという決断をしています。

激情に燃えて薩長に開戦に踏み切る方策もあったはずです。むしろ当時、京で新政府軍に倍する大軍を擁していた旧幕府軍の勝機は高く見積もられていました。

しかし、慶喜は考えます。「ここは臥薪嘗胆。京都と御所を戦火から避け、民意を味方につけた上で、国内最大級の軍事要塞である大坂城に籠もり、様子見することこそ肝要」という判断でした。先立つ蛤《はまぐり》御門《ごもん》の変では、大火に見舞われた京で人心は大きく幕府から離れ、時流は討幕の流れになった危機感が背景にあったからです。

そこで、畿内最大の軍事力を擁しつつ、二重三重の濠に囲まれた難攻不落の大坂城で事の成り行きを見守っていれば、「そのうち朝廷も西欧列強との激しい交渉や時流を見据えて折れてくる機会が早々にあるはずだ」と彼は考えました。

登城後、早速、慶喜は西欧列強各国の大使・公使を呼び寄せ、次期政権が定まるまでの間、暫定的な徳川家による外交権行使を宣言しており、慶喜を首長とした次期政権構想を内外に喧伝しています。決して大政奉還で天下を諦めていたわけではなかったことが明らかな事例です。

次期政権を担うべく宮廷工作も行っており、城内に保管されていた18万両もの御用金から朝廷側に先立つ献金をしています。慶喜から5万両を調達できた朝廷側は対価として、慶喜への納地辞官を保留、加えて、慶喜復帰の流れが行われる手はずとなっています。慶喜の宮廷工作の奏功で、岩倉具視《いわくらともみ》と佐幕の松平春嶽《まつだいらしゅんがく》の間での妥結内容が今に残っており、内容としては、近習だけを引き連れての非武装上京後の慶喜が、朝廷からの即首班指名を受ける手はずと記されています。これは薩長側にとっての政治的勝利が大きく揺らぎ、万事休すの事態となったことを意味します。

鳥羽伏見の戦い・約1週間前（大政奉還から71日）

慶喜の想定外と薩長、起死回生の一手

しかし、薩長を押さえて無血で徳川京都幕府ができる寸前のところで、慶喜のこうした思惑が逆回転してしまいます。

もともと、「時代の回天には武力発動での幕府の討滅しかない」と考えていたのが薩長です。しかし、慶喜が周到に仕掛けた各種宮廷工作で、大義名分を失った薩長としては、残された手立てとして、旧幕府側を挑発し、旧幕府側から戦端を開かせる必

要があったのです。そこで江戸に浪士を派遣、乱暴狼藉を繰り返し行わせていた西郷隆盛の謀略が図に当たります。慶応三年12月25日（1868年1月19日）江戸の治安を任されていた庄内藩や江戸の旧幕臣による薩摩藩邸焼き討ち事件が勃発しました。

「万機公論に決すべし」――。身分制を廃して共和制を行いたかった西郷や大久保も、幕府の貿易独占を止めさせ経済利権を得たかった島津久光にしても、慶喜を新政権内に置いておく危険は避けたいところでした。是が非でも戦端を開いて徳川を追い出したい薩長下級武士たちの執念が実を結んだ瞬間が薩摩藩邸焼き討ち事件だったのです。

他方、伐薩を放言する暴発寸前の幕閣や旗本などを、それまでなんとかなだめていた慶喜やその参謀陣にとって、薩摩藩邸焼き討ち事件は、敵に九回ウラ満塁サヨナラホームランを打たれてしまう最悪の事件になってしまいました。

慶喜の足を引っ張る、視野の狭い幕臣たち

その後すぐに江戸から、対薩摩藩との開戦を告げる大目付滝川具挙《たきがわともたか》が、蒸気船に乗って、意気揚揚と大坂城に乗り込んできます。彼による「薩長討つべし」というアジ演説が、大坂城内の開戦気分を盛り上げ、鳥羽伏見の戦いへの導線に一気に火が点

くことになりました。慶喜にとって戦う必要のない戦いが始まってしまったのです。この滝川具挙という人物は、鳥羽伏見の戦いの旧幕府側の大将となって、鳥羽街道と伏見街道を1万5000の大軍を率いて上京していくことになります。

慶喜、痛恨の判断ミス

慶喜は政権再奪取の気概を失い、病気に伏せってしまいました。「鳥羽伏見の戦い」のほぼ1週間前、慶応三年12月28日（1868年1月22日）のことです。

年が明けた慶応四年1月2日、徳川慶喜は、とうとう、滝川の持ってきた討薩の表に「黙諾」を与えてしまいます。長州征伐で薩長の実力を知っている慶喜としては内心不安が大きかったはずです。同時に、旧幕府軍は大軍で長州征伐の頃と比べて最新兵器も授けていたこともあり、軍事的勝利への期待もあったはずです。とはいえ黙諾は慶喜痛恨のミスとなりました。

慶喜は明治時代に書いた回顧録*の中で「滝川が討薩だなんだというのでうっちゃって置いた」と告白していますが、進退窮まった慶喜は、勝っても負けても、自ら手を汚さずに生き残ることができる「黙諾」という措置を取ってしまったのです。

＊徳川慶喜『昔夢会筆記―徳川慶喜公回想談』平凡社 1966年

かつて「蛤御門の変」で、天皇に直訴するため都に上ったのは長州軍でしたが、今回は攻守を入れ替え、旧幕府軍が同じ理由で都を目指します。鳥羽伏見の戦いが始まる1日前、京阪の境は一万を超える旧幕府軍で充満していました。

鳥羽伏見の戦い当日（大政奉還から79日）

決死の新政府軍と慢心した旧幕府軍

慶応四年1月3日（1868年1月27日）。旧幕府軍は薩長の防衛線に向かって2列の単縦陣で鳥羽街道から京都に押し寄せる形で進軍します。鳥羽街道の先には「四塚の関門」という京都の入口がありますが、ここに旧幕府軍の大軍が押し寄せたのです。大軍で押し寄せれば薩長は恐れをなして霧散するという安易な読みで、京都に無血入城できるだろうという構えでした。

しかし、この関門の守りを固めていたのは、断固不撤退の構えだった完全武装の新政府軍4000兵です。津波のようにやってくる膨大な軍兵を前にして、新政府軍は背水の陣で臨んでいました。

鳥羽伏見戦当日の京都御所

旧幕府軍進撃の報に接した朝廷内部は大騒乱になります。そんな折、京都御所に今回新しく議事院の議定に任命されていた松平春嶽《まつだいらしゅんがく》（越前藩）、山内容堂《やまのうちようどう》（土佐藩）、伊達《だ て》宗城《むねなり》（宇和島藩）、浅野茂長《もちなが》（長訓《ながみち》・広島藩）などの雄藩諸侯が次々に辞表を提出しにきます。

当時の朝廷内部は、何が何でも「徳川抜き」での議会政治を行いたいという薩長側と、「徳川入り」での議会政治を追求する公儀政体側に分かれ、辞表を出しに来た諸侯は公儀政体側に属し、力でごり押しする薩長側に大きく反発を強めていました。

彼らは当然ながら、旧幕府軍の軍事行進を薩長追放の吉兆と先読み、「今のうちに薩長の息がかかる体制から離反しておこう」という腹の内でした。

時間が経つにつれて、宮廷内でも旧幕府軍の大軍勢を恐れるあまり、薩長を疎んじる公卿が大勢を占め始めます。

宮中がこうして動揺する中、鳥羽伏見の戦いの戦端が切って落とされました。

開戦

鳥羽伏見の戦いの当日、一万を超える旧幕府軍は進撃を続け、京都の玄関口に到達、鳥羽伏見を守る新政府軍と対峙することになりました。

当初は、通せ、通さないという押し問答で睨み合いが続きますが、1月3日午後5時ごろ、しびれを切らした滝川が数を頼みに強行突破を命じます。旧幕府軍は2列の行軍隊列のまま、新政府軍が守りを固める鳥羽の関所に殺到しました。新政府軍は待ち望んでいた事態が生起したことになります。戦端を開く大義名分ができたのです。

照準を定め置いていた鳥羽方面の薩軍は、薩摩砲と呼ばれる4インチ榴弾を轟音とともに打ち出しました。この初弾が見事に敵砲陣地に命中、旧幕府軍の大砲を四散させています。しかも、滝川具挙《たきがわともたか》の乗馬する馬が薩摩藩の砲兵が打ち出す大砲に狂奔、軍司令官が真っ先に後方に逃げ去ることになりました。当然、茫然自失となり、士気喪失したのが旧幕府軍です。

道の後ろから続々と桑名兵などの味方が押してくるため旧幕府軍は退くにも退けず、敵の十字砲火の中にところてん方式に押し出された旧幕府軍の犠牲者が増大すること

鳥羽伏見の戦い

になりました。旧幕府軍の完全な敗戦が開戦から半日も経たない内《うち》に明瞭となっています。近代戦を理解する指揮官に欠けていた旧幕府軍の欠陥が、天下分け目の戦の最中に露呈したのです。

鳥羽伏見の戦い1日後（大政奉還から80日）

翌日には最新の弾丸後詰式の仏シャスポー銃で武装していた旧幕府軍伝習隊の活躍もあって、戦局は次第に膠着状況となっていきました。防御に有利な「伏せ」の姿勢で、弾丸を連続充填し、間断なく銃撃できるようにフランス軍から直接訓練されていたのがこの伝習隊です。

錦の御旗を得た新政府軍は正式に官軍へ

前戦が膠着していた頃、京都の御所内では倒幕側が決定的な政治的勝利を収めていました。新政府軍の勝利の第一報が伝えられると、今まで薩長を疎んじていた公家たちが手のひらを返して薩長側へ寄り添ってきたのです。

この機を逃さず、薩長側が迅速に協議をまとめ、慶応4年1月4日（1868年1月28日）朝、仁和寺宮嘉彰《にんなじのみやよしあき》親王（小松宮彰仁《こまつのみやあきひと》親王）を征討将軍に任命、正式に新政府軍側を「官軍」、旧幕府軍が「賊軍」に認定されることになります。

翌日、将軍宮による戦場視察の際、官軍として掲げていた「錦の御旗」が、日和見主義だった各藩を官軍側へ転向させていきました。

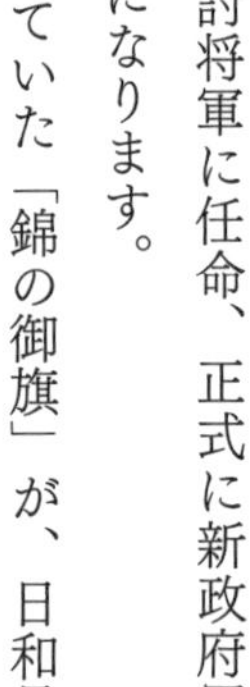
仁和寺宮嘉彰親王（小松宮彰仁親王）

鳥羽伏見の戦い3日後（大政奉還から82日）

旧幕府軍の敗北

続々と逃げ帰ってくる敗残兵で大坂城が充満し、パニック状況に陥っている城内では、士気鼓舞のため慶喜の演説が必要でした。

慶応四年1月5日（1868年1月29日）夕方、混乱の程を極める幕臣を前に、徳川慶喜は「たとえ千騎が一騎となっても退くでない。自ら出馬せん」と大演説を行います。この演説によって幕臣の士気が蘇りますが、慶喜がその数時間後の6日夜9時頃、わずかな供回りと妾を連れて、船に乗って江戸に逃亡することなど夢にも思いませんでした。

慶応四年1月7日（1868年1月31日）朝、もぬけの殻となった将軍の間を前に、幕臣たちは茫然自失となります。士気は瓦解、多くの幕臣たちが着の身着のまま和歌山経由で船に乗り、あるいは伊賀越えをして江戸に脱走していきました。

たった3日で1万5000を誇った旧幕府軍は霧散。誰がこうした結果を予想できたでしょうか？　一つ言えることは、西郷にとって予想外のことが起きるのは当たり前だったのです。大政奉還から82日、3か月も経たないうちに討幕が完遂されました。

［鳥羽伏見の戦い経緯：文献2・4］

「鳥羽伏見の戦い」結果を分けた要因とは？

この問いへの答えは、「変化を起こす側にいること」になります。

その主導権をわがものにするための不断の努力、不確定要素が出現する前に打つ手を事前に考えておき、素早く実行することにほかなりません。最適解を導く努力を最後の最後まで諦めずに行うことになるでしょう。

「予想を当てる」のではなく、むしろ「予想外の出来事に対して、より素早く最適解を出し、相手を出し抜くことこそが肝要だ」と心得ていたのが西郷でした。

経済的利権の獲得もあるでしょうが、何よりも「身分制を解放して国民国家を作り上げ、日本の植民地化を防ぐためならば、何でもやってみせる」という不屈の精神を背景にして、矢継ぎ早に、たゆむことなく打ち手を出し続けた結果が、薩長側による政権獲得劇ということになります。

リスク回避や回避できなかった場合の即座の立ち直りには、事前に各種の生起パターンをできるだけ多く保有することに及ぶものはありません。

慶喜も智謀の限りを尽くし、何通りにも妙手を繰り出して薩長を出し抜き、時局をわが方に手繰り寄せる努力をしていたことは前述のとおりです。しかし、西郷にその手数が及ばなかったということに尽きます。

茫然自失する暇があれば、変化した現状を踏まえ、未来予測を行った上で次なる行動に即、つなげることこそが肝要です。目的を達成するまでのトライ&エラー、知行合一の繰り返し。これが成功への早道です。

西郷と慶喜の差を分けた「プランB」「オプションB」

鳥瞰（鳥の目）で見れば追い風が吹いているものの、虫の目（ミクロの視点）で見た時、新政府軍と旧幕府軍の実情をよく知る西郷としては、当然、両者の実力が旧幕府軍側に傾いていて、新政府軍にとってかなり厳しい状況であることを把握していました。

だからこそ、新政府軍はさまざまなシチュエーションを想定した上で、彼我のバランスが崩れる「ここぞ」というタイミングで、素早く最適な手を打てるように、予測に次ぐ予測、先読みと打ち手の熟考を重ね、最善の計画、選択肢を考えた上で、多くの「プランB（代替計画）」や「オプションB（次善の選択肢）」を準備していました。

「万が一の時の対策（プランB）」の例として、近年見つかった西郷が大久保利通に宛てた手紙で述べられています。鳥羽伏見の戦いで負けた場合の「プランB」として、明治天皇を奉じて西国に落ちつつ、丹波篠山城や播磨姫路城を防波堤にして捲土重来を果たす、長期持久戦で臨む考え方が示されています。

また、田中光顕《みつあき》など土佐の脱藩浪士たちを高野山に送り込んで紀伊藩を威嚇、紀伊

大久保利通

に逃げ込む可能性がある旧幕府軍の退路を断つ用意も抜かりがありませんでした。

一方の慶喜は、実のところ戦争になることすら想定外でした。「大軍で押し寄せれば、新政府軍は恐れをなして逃げ出すに違いない」という判断だったのです。

行軍する兵隊の銃を空弾とし、無用な戦闘を避けることを命じていたというエピソードも残っています。ましてや、大敗は予想しておらず、鳥羽伏見での初戦敗退に接するや否や、味方を大坂城に置き去りに、船で江戸城に逃げ帰るという不始末を犯しています。

現代日本との類似性

現代の「コメ」＝高付加価値産業の不作

明治維新から150年を経た現在、幕末と同じように世界が不作で苦しんでいます。不作と言っても食糧危機のことではありません。現在のコメと言えば半導体、言い換えれば、厚い利潤をもたらす付加価値の高い製品です。

現代はＩＴ化によってグローバル化が世界の隅々まで行き渡り、付加価値の高い製品を生み出せるかどうかが国富の多寡を決定する時代です。

最新兵器もＩＴなくしては成り立たない時代ですが、半導体製造も含め、高付加価値製品の寡占化は進むところまで進んでしまっていて、一部の国や企業を除き、多くの国で参入の余地がなくなっているのが現実です。

特に、ＩＴ化とグローバル化に伴う大きな混乱に直面しているのが現在の日本です。

世界に打ち勝つ独自性を持ち、ＩＴ技術に長けた組織や個人だけが瞬時に世界の富を手に入れる現代、そうでない組織や個人は世界中の安い労働力との価格競争に巻き込まれ、どんどん給料水準が落ちていく。

平成の30年間、工場の海外移転など、従来型製造業の日本国内空洞化に加え、非製造業での空洞化現象もＩＴの発展を通じて大きく進展してしまいました。

例えば、プログラミングは安価なウクライナのプログラマーによって、ヘルプデスク業務や秘書業務は日本語が堪能な中国在住の中国人テレフォンアポインターなどが日本の労働者に代替していく。こうした現象には枚挙に暇がありません。

国外の労働者と差別化できる知識や経験の多寡により、国内格差社会の頂上と底辺への境が決定され、その格差が年を追うごとに、さらに拡大しているのが現状です。

企業も同様で、ますます余裕をなくした日系企業は、従来型の年功序列や終身雇用を維持することができなくなっています。

現段階の格差すら解消されないうちに、さらなるスピードで技術革新が起きていることから格差縮小はますます遠のき、一寸先を見通すことも難しい多極化の時代に私たちは生きているのです。

重税に苦しむ庶民

現代日本を顧みた時、幕末当時の農民に当たるのがサラリーマン（給与所得者）です。財務省によれば、2019年の消費税の引き上げでサラリーマンの実に所得の半分が、社会保険、源泉徴収と消費税として徴収されていることが明らかになっています。

2020年度の可処分所得は、国民所得に占める税金や社会保険料などの負担を示す「国民負担率」である44・6％を考慮した時、手元に残るのはたった55・4％です。これは過去最低の所得に占める可処分所得割合です。50年前、1970年度の国民負担率は24・3％であったことを考えれば、現在、まさに五公五民に直面している非常に厳しい現実が見えてきます。［文献5］

アマゾンドットコムやアップルのように、一部の創業者のみが数兆円単位の富を蓄積する一方、下請け会社では、労働者が一挙手一投足をITで監視され、時給1000円程度で酷使され、なおかつ、雇用関係も極めて不安定です。

こうした、多くの国の、多くの労働者の犠牲の上に成り立っているのが多国籍企業群の収益であり、そこから納められるべき税金についても大部分を徴収できないのが、今の日本政府です。加えて、日本企業が多国籍企業にビジネスチャンスを奪われている事情もあり、法人税収も上がりません。現在の日本政府は、幕末当時の幕府さながら、所得税や消費税など、個人への増税で賄おうとしているのが厳しい現実です。

国民による節税対策のことごとくを無効化していく現在の国税庁の姿は、米以外に無税の農作物を作って生活を支えていた幕末の農民を追い詰めた幕府の姿とダブって見えて仕方がありません。

労働組合も機能せず、連帯もないため、一揆も起こせない現在のサラリーマンは、さらに高まる搾取の度合いと、その長期化に苦しみが増す一方です。

高まる内政への不満と
コロナショック以降の不況

日本国民から日本政府への信頼が転がるように墜ちているのを体感しています。

それは、無言の国民の声が、新生児出生率に表れているためです。年間100万人どころか90万人を割る出生人数には、人生や生活に明るい未来を見出せない若者の姿が浮き彫りとなっているからです。

高い税率とそれに見合わない福祉を考え、今後もその傾向が強化されると想定される限り、家計防衛を優先して、子供を持つ気も失せるのは当然の理です。

世界を見渡せば、国民が政府に不満を持つ時、例えば、イランでは生活への不満から大規模暴動がテヘランで起きています。日本と同じような経済水準を持つ香港やフランスでもデモや暴動が政府への不満をきっかけにして起きています。

多国籍企業が搾取を続け、それを取り締まれない無策の政府なら、日本において、今後、大規模暴動が起きないとも限らないと筆者は見ています。

今後の政府対応が、「安政の大獄」のような、政府による反政府活動に対する徹底的な弾圧なのか。あるいは金のバラマキによって一時的に政府への不満を回避する方向に動くのか。いずれにせよ、日本は社会的な危機に直面する可能性が、年を追うごとに増していると筆者には考えられます。

ポスト・コロナショックで、一層ひどくなる可能性がある「危機」とは、幕末の日本が直面したものと同類であることが筆者にはうっすら見えているのですが、それは「莫大な財政出動の果ての異常な物価変動に伴う国民負担の増大」と「それに耐えきれなくなった政体変革を迫る国民の過激さを増す反政府の動き」です。

これは幕末当時の民衆にヒントを得た未来像ですが、当時、二次にわたる長州征伐に伴う戦費調達が国内インフレを招き、開国とともに国内産の生糸が大量に海外に流出したことによって年率二ケタ％を超える物価高騰が人々を苦しめていたのです。

当然、幕府への怨嗟《えんさ》の声とインフレをもたらす開国を迫る外国人排斥運動が、大きなうねりを作っていきます。さらに、外国人が当時の日本にもたらしたコレラも、外国人排斥の大きな素地を生み出していました。

しかし、幕府としては彼我の軍事力の差を熟知している以上、また、彼らから多額の借款を行っている事情もあり、唯々諾々《いいだくだく》と西欧列強の言い分を擁護し、外国人商人や外交官を保護する立場にありました。したがって、攘夷運動が隆盛になる一方で、幕府が国民の敵となるのは道理でした。

これに既視感を覚えるのが、現在の自民党の立ち位置です。2020年の新型コロナウィルス対策を巡って、中国の習近平国家主席を国賓として招くタイミングと重なったことから、ウィルス発生源である中国との国境封鎖を行うタイミングが大きく遅れたことは「自国民の生命を軽視している」として大きな非難を浴びました。

また、2020年の東京オリンピック開催をにらんで、感染爆発が激しさを増していたイタリアなど欧州各国とのフライト凍結判断が大きく遅れたことも同様です。結局、長期化する非常事態宣言が日本経済へのダメージを大きくしました。

そのダメージコントロールとして、財源の裏付けがない中で行う「大規模財政拡大」や株式の買い取りを含む「異次元金融緩和」を行う日本に対して、諸外国からのインフレーション懸念が拡大する事態になっています。今後、欧米の格付け会社から日本国債格下げなどのアクションを念頭に置くほうがよいでしょう。

不透明な国際情勢の中で生き残る「カギ」

幕末当時の外交と現在の日本を取り巻く外交にも既視感を覚えます。

1850年代幕末の場合は、英露がクリミア戦争（1853～1856年）の最中にあって、極東アジアでも彼我の覇権を争う状況が続いていました。

日本はアメリカを後ろ盾として日米和親条約（1854年）、日米修好通商条約（1858年）を背景に、戦々恐々としながら西欧列強同士の覇権争いについて固唾を呑んで見守っていた時期です。幸いなことに、英露ともアメリカを敵に回すことを恐れて日本への介入を控えたため、幕府外交部の思惑どおりに推移します。

しかし、南北戦争（1861〜1865年）が勃発すると、アメリカは一気に国内回帰してしまい、日本は突如、アメリカという後ろ盾を失う構図は、どこか現在とも重なって見えます。

当時の日本にとって幸いだったのは、幕末当時の日本が西欧列強に求められていた役回りが、「生糸の安定供給地」だったことです。英仏伊などの列強は、こぞって日本の安価で良質な生糸を買い求めていました。それは当時の西欧の蚕が伝染病で、ほぼ壊滅状況にあったためです。

そのため、どの国も日本の動乱を望んでおらず、安定的な生糸供給基地となってくれればそれでよかったことになります。もちろん、西欧列強は日本生糸の独占という行為には互いに目を光らせており、互いの牽制行為によって、日本は辛うじて独立を維持できていたのです。

しかし、この均衡は内から壊れていくことになります。

生糸の世界需要を独り占めし、莫大な富を蓄積しつつある幕府に対して、商取引の独占を突き壊そうという薩長付豪商の動きがそれに当たります。

幕府が莫大な借款と引き替えに、フランスに生糸取引の独占権を付与する動きを見せていたことはイギリスを刺激しました。こうした経済利権を巡って、幕府の旧弊を廃し、身分制を撤廃して国民国家を作り上げることなくして日本の植民地化は避けられないと考えていた薩長は座視できませんでした。

幕府の軍事力を「張子の虎」と見ていた薩長は、今後、幕府が生糸貿易独占によって西欧式の軍事力を培い、強力になる前に叩き潰す方向へ、政治目的の舵を切っていきます。

国民の意識として、国民一人一人が国家と一体となり、国防にいそしむことが可能となる国民国家を形成しなければ、西欧列強の植民地となることが避けられないと見ていた島津斉彬公と、その薫陶を受けていた西郷隆盛、同じく危機感を抱き尊王攘夷運動をリードしていた長州藩の吉田松陰とその門弟たちは、一致協力して国民国家形成のため、豪商たちの財政支援を受けながら討幕運動のうねりを作っていくことになったのです。

身分制を廃して実現する国民国家の強さとして、国民が自分のことのように国家を看做《みな》すのであれば、当然のことながら大きな付加価値が生まれます。

例えば、戦時には徴兵制によって忠誠心あふれる多くの兵隊を徴発できることにより、戦線で散兵線（各兵隊が密集せずに散らばりながら戦闘する手法）が力を発揮します。散兵であれば、被弾率を低下させつつ、各自を監視せずとも、高い国家への忠誠心そのものが脱走兵を減少させ、効率的に戦線を維持することができるのです。

また、平時なら「一日、勉強することを怠れば、一日、日本海軍の進歩が遅れる」と私心を忘れ、国家と一体になって猛勉強していた秋山真之（日本海海戦の参謀）のような国家の発展にとって欠かせない、多くの優秀な人物を大量に獲得できます。

この考え方を端的に実現できる言葉が「草莽《そうもう》の志士《しし》」で、吉田松陰が生み出した言葉であると伝えられています。これは、「古来、天皇こそが日本を統治する主体であって、幕府や武家は、単にその時々で統治権を委託されているに過ぎない」という考え方が根本にあります。つまり、日本国民すべてが天皇の臣民である以上、「国難が来る今こそ、かりそめの農民や商人や下級武士という身分を打ち捨て夷狄《いてき》を払う。真の天皇の武士として一致協力して闘争に参加するのだ」という考え方です。

この「草莽の志士」という考え方のおかげで、身分に関わらず、多くの庶民が国民国家形成に主体的に参画できたのです。

この度《たび》のパンデミックという国難に当たっても同様のことが言えます。一人一人が私心を捨てて外出を自制し、自分や他人を思い遣る心の発露を見る時、少なからぬ人たちの中で、自らと国家の針路を一体化させて真剣に考えるきっかけとなっていることを感じます。今般のコロナショックでは命（防疫）とお金（経済）がトレードオフの関係になっており、早急にどちらかを選択しなければ、双方失う可能性がある厳しい事態に直面していました。

現代日本の国内情勢を考えた場合、幕末当時との類似性として、不満を持つ国民が信任を託せる政治的勢力のないことですが、行政を官僚にコントロールされている状況下で「動乱」は、どのような形で生じるかを考えてみましょう。

●民度が高い日本において、犯罪的な暴力的動乱、打ち壊しが直ちに起きることは想定しにくい。

●選挙による選択肢が極端に少ない。（与・野党ともにほぼ期待薄、コロナショックの中、かろうじて形式的に維新、N国が減税法案を提出した程度など。国政運営力を持つ減税勢力については国民が選択できる政党がほぼない状態）

●中国の台頭やコロナショック下での政権交代など、この状況下で政治混乱を引き起こすこと自体、国益上ナンセンスだと考え、我慢する国民。

これらの状況を踏まえた時、まずは「諦念《ていねん》（＝あきらめ）」が浮上してくることになります。明治維新を成功に導いた「執念」の逆です。

実際のところ、選挙における投票率の低さが際立つ現在の日本で、諦念は強くなる一方です。この場合、現政権がレームダック（死に体）化していく中、「ゆでガエル*」になるまで国民は諦めや我慢を重ねることになるでしょう。そうするうちストレスの捌《は》け口が排外主義に向かう可能性も否定できません。

既得権益を守ることに汲々とするのが自・公政権であり、今後、より一層激しくなる時流に対しては「リスク回避」と称して一歩二歩先を読んで行動するのではなく、逆に一歩二歩遅れて行動することになります。この場合、「今までの方法ではどうしても立ち行かなくなる事象」をきっかけにして初めて、時流に合わせた動きを起こし、せいぜい既得権益から妥協を引き出せる範囲の対策しか期待できません。

江戸末期、無名の筆者が書いた『復古論』に次の一説があります。

＊ゆでガエル
ビジネス上、環境変化に対応する重要性や、ついつい先送りにしてしまうことに対して警句的に用いられる寓話。

一　又曰　王政ニ復スルヲ名トシテ其實ハ諸侯カ天下ノ政権ヲ奪ワントスルナラント是ゾ實に見込ミ違ノ根基也其故ハ根本草莽ヨリ起コリテ成大ニナリシ故ナレバ仮令諸侯は何ト思ハル、トモ決シテ自由ニナラザル也　（今度の変革は王政復古という名目で、その実は諸侯が天下の政権を奪おうとしたのであろうという意見があるが見当違いも甚だしい。なんとなれば、維新の根元が草莽より起こって盛大となったのであり、たとえ諸侯が何と思おうとも、決して彼らの思いどおりになるものではない）［文献6］

明治維新の原動力がどこにあったかを鋭く指摘した至言です。討幕がなければ民衆のストレスの基である時流に合わない因循《いんじゅん》な幕府や身分制度は残るわけで、紙一重で勝利した鳥羽伏見戦がたとえ失敗に終わったとしても、連綿として沸き起こる草莽たちから新たな鳥羽伏見戦を強いられる幕府は、いずれにせよ、滅亡は避けられなかったと考えられます。

今後、日本の内部から現代の「草莽の志士」とも言うべき草の根運動が生じてくるのが先か、他国に侵略されるのが先か、という国家存続の危機になった時、「令和維新」が成立するのか。その際「鳥羽伏見の戦い」は果たしてどこから、どういう形で生じてくるのか、その兆しはどこにあるかを観察、予測する必要があるでしょう。

ここまで、鳥羽伏見戦争の導火線に火が点くに至る、当時の国内・国際情勢と現代の類似性を説明してきました。開国に伴う物価高騰と伝染病の蔓延で、中央政府たる幕府への国民の不満が高まる中、時代の激変に柔軟に対応できる新体制としての国民国家形成を求めて、草莽の志士が結集、討幕の動きを加速させていった状況はおわかりいただけたのではないかと思います。

外圧があったとはいえ、真の変革のドライバーとして現状に満足しない人々の塊《かたまり》が雪だるま式に膨らみ、明治維新となって結実したことになります。

現代の日本でも、新冷戦やコロナショックを始め、内外の激変に対応できない政府にストレスを溜める人々の塊がクラスターとしてあちこちに誕生するのは確実です。

改めて考えるべきは、日本が「想定外の事態に陥っている」という事実です。つまり、日本が依って立つアメリカ一極の世界秩序が、今後大きく回天しつつあり、実際にそうなった時、パニックに陥らないような「プランB（代替計画）」や「オプションB（次善の選択肢）」を今の日本政府は持っているのかということに話は尽きます。

アメリカを頂点としたパックスアメリカーナという仕組みの中、米ドルを世界通貨として、グローバリゼーションが進展してきたのが、これまでの戦後世界秩序の根本でした。しかし2020年の今年、ウィルス感染の社会・経済へのショックを防ぐためとはいえ、アメリカの中央銀行に当たるFRB（連邦準備制度理事会）が、米ドルの無制限資金投入を可能とする異次元量的金融緩和政策を実施し、アメリカ政府による、GDPの10％を超える超巨大財政出動を、事実上の国債引き受けでFRBが財政ファイナンスするなどということは、歴史を振り返った時、持続可能性という点で大きな疑問符が付くことは自明です。

しかも、アメリカは外交上、積極的な自国回帰を進めており、突き詰めれば、同盟国を軽視する挙に出ているとも言えます。今後、中東や極東に、政治・経済的にアメリカ抜きの新秩序が打ち立てられるとするなら、その時、中東や東アジアの地図からなくなっている国や新しく生まれている国があってもおかしくはないわけです。

例えば、その時には、台湾という国名はないかもしれません。そして、尖閣諸島どころか沖縄まで中国による大きな脅威にさらされる事態が生まれていないとも限りません。繰り返しになりますが、あり得ないと思われる事象への「プランB」や「オプションB」が必要になるような時、内容の如何《いかん》を問わずそれを想定し、対処方法について訓練を重ねてきたかどうかだけでも、大きな利益・不利益が日本にもたらされることになります。フクシマのように、「想定外」という言い訳はもはや繰り返すべきではありません。

将来の予測を当てることが重要なのではなく、複数の「将来のIF《イフ》」を想定することに意味があります。それは、重要な岐路において、正しい選択を即座に行い得る能力を培うことにつながるからです。「想定外」をいかに打ち消すか。このことへの注力こそが、新冷戦構造の端緒についたばかりの今、世界に対して比較優位を持って行動できる、光る筋手を日本にもたらすのです。

以降の章では、歴史の韻を踏みつつ未来を予想し、そこから逆算して今の行動につなげていくという「シミュレーション思考」をベースに、2020年以降の世界を考えていくことになります。予想を当てるということではなく、予想をたくさん立てて、対処を頭に入れておくことで、人より迅速に行動に移せる、「知行合一」の繰り返しができるようになればしめたものです。

▼今後予想されるシナリオ・ストーリー

□今回のコロナショックで国内外において多数の失業、失職、閉店、企業倒産が相次いだ。命と大事な財産や収入へのリスクを感じる時、日本国内でも動乱は起き得る。

□もし、動乱が起きるとすれば、現政権下、激しく変化する時流に合わない戦後日本の政治体制自体に、さまざまな矛盾が露呈することが端緒になるだろう。次に、新勢力に期待が集まるのと同時に、シルバー民主主義に支えられた政党政治そのものへの不信が、壮年以下の男女双方から噴出する可能性が濃厚。自衛隊など全く異なる組織への信認が高くなる可能性も。その際、政治の機能不全が顕著になる中、外国も巻き込んだ内乱の可能性も否定できない。

□動乱に至らなかった場合、国民の我慢の限界まで政治が機能不全に陥る。一歩二歩先を見て動くのではなく、既得権益を守ることに汲々としている自・公政権は、足元に火が点いてから初めて動く。世界の時流に対して一歩二歩遅れで動くことになるが、それでは選択できるオプションがますます限定的になって手遅れになる。

□今後の世界で、特に国家経営が破綻しそうな国、地域として、米ドルを多く抱える国々は打撃を受けやすくなるだろう。

バラマキのための財政拡大で米国内の社会不安を抑制し、対外的にドルの世界通貨の地位を守るために、米ドル安は避けられないだろう。

それはドル負債を抱える新興国が、「ドル高・新興国通貨安」の市況下で債務返済を諦めるような事態を防ぎ、世界におけるドル債権・債務体制の継続を目的とした事実上の債務カットを行うため。

反対に、ドル債権を多く持つ日本などの債権国は打撃を受けやすくなる。

したがって、外貨準備の通貨分散は必須。個人も同様。債務カットは債務者に迫られて行うのではなく、債権者として戦略的に、能動的に行うべきである。

第3章

社会の激変期と日本の選択

―昭和維新の失敗と敗戦に学ぶ、日本の潜在的リスクであるエネルギーと地政学

「持たざる国」はどう生きるべきか

変わらぬエネルギー依存と地政学リスク

エネルギー政策は昔も今も「無資源国家・日本」の最重要政策ですが、現在、日本は年間約1・7億klを輸入（経済産業省「石油統計」2018年・原油輸入のみ）しており、ほぼすべてが海外、それも1万2000キロ離れた中東産の石油や天然ガスに、年間エネルギー消費量の9割近くを依存している状況です。

そして現在、長大なシーレーン往復において、日本の輸送船舶団は自衛を迫られるという戦後以来、初めての国難に直面しています。

アメリカとイランが中東覇権を巡って対立したためですが、2019年6月、中東のホルムズ海峡付近のオマーン湾でタンカー2隻が攻撃を受け、うち1隻は日本の海運会社が運航する船舶だったため、大きな衝撃が走りました。

安倍総理大臣が日本の総理大臣として41年ぶりにイランを訪問し、首脳会談最中の出来事だったこともあって記憶に新しい事件です。

続けて、イランがアメリカの無人偵察機を撃墜、事態はさらに緊迫します。しかしアメリカのトランプ大統領はツイッターで「すべての国々は、自国の船を自分で守るべきだ」と投稿、結局アメリカはホルムズ海峡の安全を確保するため、日本を含む同盟国や友好国に有志連合を提案する事態になりました。

これに対して日本政府は、10月のNSC＝

国家安全保障会議で、アメリカが結成を目指していた有志連合には参加しないものの、独自の取り組みで情報収集態勢を強化するため、自衛隊を中東地域へ派遣する方針を決めます。政府は自衛隊の活動範囲について、オマーン湾、アラビア海北部、バーブルマンデブ海峡東側のアデン湾で、沿岸国の排他的経済水域を含む公海としています。

日本に関係する船舶の航行はホルムズ海峡で年間約3900隻、うち約2600隻がタンカーとされ、バーブルマンデブ海峡は約1800隻が通過することを踏まえて考えれば、中東海域が有事になった場合、日本経済の血流が止まるのは自明です。

現代シーレーン防衛の実際

自衛隊派遣については、防衛省設置法第4条第1項第18号で定められた「調査・研究」が派遣の根拠です。これは防衛大臣の権限で可能な、日本周辺での警戒・監視活動を根拠としたものですが、今回はこの適用範囲を拡大した形です。

海上自衛隊によるシーレーン防衛に向け、実質的な行動開始となるわけですが、普通に考えて、米海軍に代わって海上自衛隊が長大なシーレーンを守っていけるのか、その持続可能性も含めて大きな疑問を感じざるを得ません。

２０２０年のコロナショックは、日本の盟邦である欧米各国の内政重視、自国回帰を促しています。戦後80年近く太平の恩恵に浴してきた私たちは、その代償として、地政学リスクに対応できる経験と知恵が十分ではなく、安全保障上、さらに広がる間隙が、日本のシーレーン海域に生み出されつつあるのが実態です。

シーレーン防衛の子細を見た時、中東産エネルギーを輸送する際、そのほとんどが通過する、日本にとっての最重要チョークポイントが前述のホルムズ海峡です。

チョークポイントとは、地政学で戦略的要点を指す言葉です。ホルムズ海峡、マラッカ海峡、スエズ運河、バーブルマンデブ海峡、トルコ海峡、パナマ運河、デンマーク海峡の七つが世界の主なチョークポイントとされています。

特に重要なチョークポイントがホルムズ海峡です。

イランとオマーン（アラビア半島北端のアラブ首長国連邦の領土に囲まれたオマーンの飛び地）の間に位置し、ペルシア湾とアラビア海をつなぐ海峡です。このホルムズ海峡経由での中東からのエネルギー輸入が途絶するようなことがあれば、日本は即時に停電の大災害に見舞われます。

コロナショックがエネルギー問題を露呈する

実際、今般のコロナショックが日本のエネルギー事情の隠れた停電リスクを浮き彫りにし、大きな問題となりつつあります。

現在、「脱炭素」という外圧の高まりで、石炭火力発電から液化天然ガス（ＬＮＧ）火力発電への切り替えが急ピッチで進められています。ただでさえ高い中東からの輸入への依存率がさらに上昇し、懸念も大きくなっているのです。

コロナショックの発生で、インドは都市封鎖と要員不足でＬＮＧを中心とするエネルギー輸入が途絶して大混乱に陥っていますが、日本も他人事ではなく、ＬＮＧ貯蔵量を見た時、需要の２週間分しかありません。

ＬＮＧは通常、海上輸送で気体の天然ガスを零下１６２℃に冷やして液化、体積を凝縮して専用の船で運搬します。もし、コロナショックによる要員不足で船舶運輸が途絶した場合、即、日本で停電リスクが浮上します。

ただ、コロナショックがあろうがなかろうが、ＬＮＧの約20％が中東由来で船舶運搬しなければならない以上、ホルムズ海峡周辺の平穏は日本に欠かせません。

太平洋戦争中、日本が両海峡を支配していた折、英米軍による機雷敷設で容易に海峡封鎖されたのです。戦時ともなれば、当然、こうした狭い海峡は封鎖の対象となって、先の大戦の二の舞は避けられそうにありません。

米海軍に依存しきってきた長大で脆弱なシーレーン防衛の実態を見た時、それを日本が自前で担当する場合、負担の重さを改めて知ることになります。であるなら、動乱時、日本の先行きを憂い、必死にわが国を守ってきた先人たちの英知はどのようなものであったのか。その知恵を活用することに及ぶものはないと筆者は考えました。

歴史は韻を踏んでやってくる

日本の近現代史を振り返った時、先人が日本を「持たざる国」として強烈に意識し始めたきっかけは、今から約１００年前の第一次世界大戦に端を発しています。

第一次世界大戦以降、日本にない「石油」で動く戦車や飛行機、軍艦が国家の命運を左右する時代になったからです。当然、国防を担う日本帝国陸軍将校は、総力戦に移行した世界が、「持たざる国日本」を根底から揺さぶる可能性にすぐ気づきます。

1937（昭和12）年3月、陸軍省整備局戦備課長の長谷川基《はせがわもとい》大佐は、「陸軍軍事上より見たる燃料問題」という講演でそれを端的に語っています。［文献1］

空軍の拡張と軍の機械化は今や列強軍備の趨勢でありまして、列強ことごとくこの二つの新兵器（飛行機と戦車）の革命的威力に期待し、かつは脅威を感じているのであります。（中略）この空軍と機械化部隊の血液たるものが液体燃料なのであります。（中略）わが国は現に石油需要量の9割以上を輸入いたしておりますから、9割以上の国防の脆弱性があると云わなければなりません。換言いたしますれば、わが国における液体燃料供給能力の不足は国防上の致命的欠陥であるのであります。（中略）

昨年のニューヨークタイムズはもし、英米ソ三国が協力して対日石油封鎖を行うのであれば、日本は戦争不可能に陥るであろうという記事を掲げております。ゆえに燃料のごとき国防上重要なる資源に関する国策は、たとえ経済封鎖を受けても困らないだけの用意をするということが、その主眼でなければならないのであります。すなわち、戦時における自給自足を目標として対策を講じなければならない結論になります。

（表記は現代仮名遣いに改めた）

実際、戦前の日本は自国消費量に匹敵する年間400万トンの石油の輸入が止められたことを巡って、清水の舞台から飛び降りる気持ちで太平洋戦争に突入しました。

日本の取り得る道
―中東以外の選択肢としてのロシア

戦前のエネルギーを巡る調達事情は、戦後80年を経た今でも、全く変わりなく厳然として存在します。

原油・天然ガスの輸入については、現在の生活水準を維持できる量を確保しながら、持続性のあるエネルギー政策を考えなければならないので、私たちの先人たちが編み出したソリューション群の融合形態を突き詰める方策しか、日本には残っていないように思えます。具体的に言うと、資源調達においては日本の身の丈を超えない防衛活動の範囲内にシーレーンを縮小していくしかありません。

あるいは、安全保障上、無理のない新航路の開発が挙げられます。例えば、中東産エネルギー（原油については2018年で総輸入量のうち約88％を依存）から、極東ロシア産

（同4・8％の依存）やアメリカ産（同1・7％の依存）にエネルギー依存の形態を改めることで、シーレーン防衛線を縮小していくことが可能です。（経済産業省「エネルギーの今を知る10の質問」日本のエネルギー２０１８）

北極海は、大陸棚に世界の未発見の石油・ガス埋蔵量の25％が眠っていると言われており、潜在的には、日本のエネルギー源としての規模と近距離の双方を満たす有望なエリアです。

ロシア政府は国家目標として欧州とアジアを結ぶ北極海航路の整備に力を入れています。アメリカの10倍以上に当たる砕氷船51隻の整備を完了し、２０２４年までに現状の4倍に当たる年間輸送量８０００万トンを実現すると公表しています。

特にロシアの国営産油企業であるロスネフチが開発に力を入れている、北極圏資源開発計画「ボストーク・オイル」が完遂された暁には、２０３０年までにロシアの産油生産の2割に当たる、年間1億トンの産出が見込まれていることは筆者の目を引きます。

同じくロシアが北極圏でのＬＮＧ開発「アークティック2」を行っていることから、このオイルなりＬＮＧなりを、地球温暖化の作用で新航路となりつつある北極海航路で輸送できるのであれば、中東に比べてその航路は半分以下となり、シーレーン防衛ラインの縮小にもつながります。

新冷戦構造が深化しつつある今日、できる限り中東依存を避けると同時に、エネルギー調達源を分散させ、中東へのシーレーン防衛を自前で引き受けることによる他国との戦争の可能性を高める愚を避けるべきです。

その上での省エネ技術や、次に述べる代替エネルギー技術の育成は、エネルギー政策の観点から日本の安定的成長に大きく寄与するでしょう。

代替エネルギーの開発

現行、わが国の電源構成は、東日本大震災前では原子力が約25%だったものが２０１７年現在では約３%まで激減し、替わって中東産の化石燃料の輸入を増やして補う状況になっています。この結果、国内の電源構成は3割を石炭、４割を天然ガス、１割を石油による火力発電で賄っているのが現状です。

シーレーン防衛に負荷がかかっている理由として、こうした偏りのある電源構成も見逃せません。後述するメタンハイドレートや再生可能エネルギー（0・3%：2018年エネルギー源別最終エネルギー消費〔2020年4月14日資源エネルギー庁〕）の活用拡大をもっと切実に考えるべきです。戦前でも同様のことは当然考えられてきました。

戦争行為に至る可能性をできるだけ抑制するため、戦前昭和の軍人である、宇垣派の酒井《さかい》鎬次《こうじ》（→148ページ）は、大国との国境線を縮小することと親善外交、そして、いざという時のための科学技術開発に注力することを提案していました。

人造石油の開発を目指した戦前日本

戦前昭和の日本が、代替エネルギー技術の育成に莫大な費用をかけてきたことはあまり知られていません。いわゆる人造石油の開発は、最終的に日本では大失敗に終わったもののドイツでは成功し、ナチスドイツの戦争経済を支えていました。ドイツともっと技術交流を深めていれば、太平洋戦争を回避する可能性があったことが、ようやく今になって議論されているほどです。

当時の日本軍部は、緊急課題である石油問題を打開すべく、昭和12年以降、国家プロジェクトとして人造石油開発に血道を上げて取り組んでいました。

当時の国家予算の25％に当たる7億7000万円を費やし、7年以上の人造石油研究開発を海軍が行っています。

手本としたのはナチスドイツです。当時ドイツは人造石油開発に成功しており、第二次世界大戦当時、最盛期の1942年には470万キロリットルの人造石油を生産していました。

石炭を液化して燃料を得る人造石油ですが、石炭の1単位量当たり少量しか製造できないものの簡易な「低温乾溜法」を採用したドイツは成功を収め、1単位量当たり大量に製造できるものの難易度が上がる「直接液化法」を採用した日本は失敗します。

その結果、太平洋戦争直前まで人造石油の開発成功を信じていた東條英機首相が、その失敗をアメリカの対日石油輸出禁止の直後に知らされ、蘭印のパレンバン油田奪取に向けて太平洋戦争を急遽立案、戦争に突入することになりました。［文献2］

新しい資源としての期待が高まるメタンハイドレート

日本にとって、現代の人造石油は、海底に眠るメタンハイドレートがその一つに当たるかもしれません。メタンハイドレートとは「燃える氷」と呼ばれます。驚くことに、この氷のような物質に火を近づけると燃え始めるのです。

この物質の正体は、天然ガスの原料であるメタンガスが海底下で氷状に固まったもので、豊富なメタンガスを含有し、地質探査や魚群探知機によって得られる反射信号から存在を推定することができます。

現在、永久凍土地帯や大陸の周縁部の水深500m以深の海底下の地層、カスピ海やバイカル湖などの水深の深い湖底でも発見され、世界中の広域に分布していることから、アメリカやインド、中国、韓国など世界各国が国家プロジェクトとして研究開発に乗り出しており、次世代の天然資源として期待されているエネルギーです。

実は、日本は産出技術で世界のトップを走っています。日本の周辺海域にはメタンハイドレートが大量に存在しているとされ、北海道周辺の日本海、オホーツク海、太平洋や、本州から四国、九州西岸に至る太平洋側の大陸斜面などに確認されています。

エネルギー資源の多くを輸入に頼っている日本ですが、もしメタンハイドレートを資源として活用できるようになれば、自国で資源を長期的かつ安定的に確保できるようになります。また、燃料輸入量の増加で膨らみ続けている貿易収支赤字を縮小できるだけではなく、資源・エネルギー外交において、日本が「資源大国」となることで他国に優位な立場に立つ可能性も出てくることになります。

刻々と変化するエネルギー事情を踏まえた上で、一般企業の参入も視野に入れ、早急に商用化を進めることが必要です。

現代日本の選択肢

代替エネルギー技術開発に失敗した戦前の日本は、それでも「持てる国」化しようとして最終的に身を亡ぼす戦争に突き進むことになりましたが、現代でも軍事作戦は同様の結果をもたらす愚策です。

軍備についても、攻撃型爆撃機や空母などの通常兵器を拡充する策が議論されているところですが、昭和陸軍の俊英である小畑敏四郎《おばたとしろう》（↓139ページ）や酒井鎬次《さかいこうじ》らが危惧したように、そうした行為は、他国との軍拡競争や戦闘の可能性を惹起することになるため、ほどほどにしておく必要があるでしょう。

中国と軍拡競争や長期戦を展開したとしても、資源や人口の点で日本に勝ち目はなく、徒《いたずら》に戦争の種を極東に振りまくだけに終わることになります。

こうした諸事情を考えた時、現代の日本にとって「エネルギー源の分散化」と「代替エネルギーの開発」の二点しか善策は残されていないことになります。

もちろん、代替エネルギーにはメタンハイドレートもありますが、筆者が注視しているのが原子力発電と、その処理におけるさらなる研究開発、安全な発電方法への研究に研鑽を積むことです。そして日本は、原子力技術研究の派生で生まれる核兵器によって核武装を決断することが、最も経済的、国防的に効果をもたらすと見ています。

これは極論に聞こえるかもしれませんが、核武装こそが、隣国の超軍事大国である中露の日本侵攻を予防できる確実な方法となるはずです。

ただし、被爆国である日本が核武装することは、憲法改正の議論すらできない現状では可能性が限りなく低い話ですが、今後の世界情勢、とりわけ東アジアの中国、朝鮮半島の情勢によって、議論や実装も現実味を帯びてくるかもしれません。

軍事費負担が無限に発散しないよう、親善外交を心がけて仮想敵を少なくする一方で、核武装国としてハリネズミ化することによって外敵の襲来を防ぐという国防方針の採用がベストに思えます。

この選択肢は、憲法改正も含めて、ある程度の社会的価値観の変容と、その際に生じる精神的・物理的負担を国民に強いることになるでしょう。

ただし、今のように分を超えた国民負担の継続は望むべくもなく、軍事費についても取捨選択しつつ、総額を抑制することが肝要です。シーレーンの縮小を行うべく、現行エネルギー政策の変更を行うべきでしょう。

ポスト・コロナショックで余裕を失う国際社会では、ますます地政学リスクが上昇するのは必定で、エネルギー源の集中依存によって、社会の安定が根底から揺るがせになる可能性も出てきています。

混迷を深める世界情勢を考えた時、平時からリスクに備えて、「プランB（代替案）」「オプションB（次善の選択肢）」を持つことの重要さは日ごと増えてきています。

実はここに挙げた「シーレーン防衛の縮小」「代替エネルギーの開発」「核武装」はすべて、戦前の軍部俊英たちによる「プランB」「オプションB」なのです。

酒井鎬次《さかいこうじ》が提唱する「シーレーン縮小」、石原完爾《いしはらかんじ》（↓１４６ページ）の「核開発と核武装」、小畑敏四郎《おばたとしろう》の「精兵主義」、永田鉄山《ながたてつざん》（↓１４４ページ）の「国民国家形成」などはこれに当たる金言で、現在においても大きな示唆を私たちに与えています。

その金言を詳述し、今後の日本への意義を考察します。

第一次世界大戦から始まった日本の苦闘

動力革命によって変化した国家戦略

日本の近現代史を振り返る時、先人が日本を「持たざる国」として強烈に意識し始めたきっかけは、今から100年前に起きた第一次世界大戦です。

第一次世界大戦以降、戦争の方法は根本から変わりました。物量戦に転換してしまった世界大戦の本質は国家の総力を消耗する戦争です。そのため、あらゆる方面での補給を巡る戦いが、勝敗の趨勢《すうせい》を握ります。「補給」の概念には劇的なスピードで進む兵器開発も含まれますが、無資源国家日本にとって不利な現象でした。

軍人のみならず、婦女子から科学者まで動員し、まさに国家を総動員するのが新しい戦争だったのです。国力を消耗し尽くすまで長期戦が常態化する様相となり、万人から見て、無資源国家日本には到底、総力戦に耐えられないように思えました。

特に総力戦の様相を目の当たりにしたのが、当時の日本の駐欧武官たちです。彼らが直面した事実は、この新しい戦争において「持てる国」が圧倒的な優位に立つという厳しい現実です。当然、大きな苦悩が彼らを襲います。

当時の日本は、高度の暗号解読手法も知らない、飛行機産業もない、それらを動かす石油もない、ないない尽くしだったからです。それでも、駐欧武官たちは、「持たざる国」である日本の生き残りために解決策を編み出していく必要があったのです。

昭和維新の失敗に見る、敗戦へのストーリー

二・二六事件の起きた時代背景

戦前の昭和日本のグランドデザインを描き、日本を戦争に向けてリードしたのは旧

帝国陸軍のエリートたちです。しかし内実は一枚岩ではなく、日本のグランドデザインを巡って、陸軍内部で血みどろの抗争が起きています。

軍閥同士の血を血で洗う凄惨な内部抗争の果てに、第二次世界大戦へ積極関与を推進する派閥（統制派）が勝利、日本の参戦が決定づけられていったのです。

日本の命運を決したのが、陸軍内部抗争のクライマックスとなった1936年の「二・二六事件」でした。「明治維新の趣旨は一君万民。今こそ*君側《くんそく》の奸《かん》を取り除き、明治維新を貫徹する昭和維新を決行すべき」――。二・二六事件を主導した皇道派《こうどうは》の革新青年将校たちが事件後、記者に語っていた決起趣旨です。

国民経済が困窮する時、動乱が起きる

明治維新から68年、あらゆる面で制度疲労が激しくなっていたのが当時の日本でした。戦前昭和は大不況の真っただ中で、特に1929年にニューヨークで起きた世界恐慌の煽りを受けてからは深刻な不況に直面しています。貧富の格差が目を覆うばかりに拡大、社会不安上昇の根源となっていました。

1918（大正7）年11月、第一次世界大戦終結によって大規模軍需が世界中から

＊**君側の奸**　君主のそばにいて君主を思うままに動かし、自分の都合がいいような政治を行わせる悪い家臣。

消滅、破格の設備拡大を軍需対応で行ってきた日本は深刻な反動不況に直面し、金融恐慌にも陥っていたことから、世界不況は日本にとって泣きっ面に蜂でした。

この状況に対応して、日本政府は自由貿易を推進します。価格競争力のある重・軽工業を、円安による輸出ドライブでの押し上げを狙ったのです。これが見事に奏功し、世界に先駆けて不況から抜け出ることができました。

しかし、急な政策変更は農村に歪《ひず》みをもたらし、価格競争力の乏しい農業に従事する人々は、安価な外米の流入に苦しみます。加えて、円安に伴う生活物資価格の高騰も農村に打撃を与え、都市と農村では所得格差が拡大する一方でした。

当然ながら社会不安が急上昇し、経済政策をリードしていた井上準之助《いのうえじゅんのすけ》（前大蔵大臣）や団琢磨《だんたくま》（三井財閥総帥）が暗殺される連続テロ事件（血盟団事件）が起きています。

所得格差を是正し、国民間に生まれつつあった大きな精神的断絶を正す必要があるのは誰の目にも明らかでした。ところが太平の世に馴れた政党政治には推察力もなく、政党間抗争に明け暮れ、汚職疑惑が頻発。

怨嗟《えんさ》を汲み上げる力を求めて国民の期待は軍部に向かうことになります。こうした社会の要請に応えて決起したのが、陸軍の青年将校たちだったのです。

二・二六事件と国家戦略の思想背景

当時、「君側《くんそく》の奸《かん》」と青年将校たちが呼称し、その排除を画策していたのは、庶民と天皇陛下の間に横たわっていた軍閥・財閥・政党という特殊権力です。

これを暴力革命で排除すれば、明治維新の精神である「一君万民」が完成し、天皇以外の国民は皆、等しく平等に扱われる時代が招来すると陸軍青年将校たちは固く信じていたわけですが、その理想は青年将校発というわけではありませんでした。

この、感情的とも言える青年将校の思想背景には、後段で詳述する「皇道派《こうどうは》」をリードした荒木貞夫《あらきさだお》（→139ページ）や小畑敏四郎《おばたとしろう》の、「持たざる国日本」が採るべき冷徹な処世術が流れており、一定の説得力を持って余人の心を掴んでいました。

第二次世界大戦の勃発を確信していた小畑たちは、第一ステップとして、軍部主導による一君万民化政策、すなわち、軍事クーデターを能動的に起こすことを考えていました。

第二ステップとして、陸軍と国民の一体化を図り、次なる大戦は天皇制下、軍の強力なリーダーシップで、非戦・避戦を徹底、天皇制の維持を全うします。こういった危機感を荒木や小畑ら、皇道派の首領は強く持っていたのです。

そして恐れていたとおり、ドイツではヒトラーが民族主義を煽り、第一次世界大戦のリベンジを唱えてベルサイユ条約を脱退、軍拡に転じていました。小畑の予想どおり、次なる欧州大戦の導火線に火が点きます。

実際のところ、二・二六事件発生当時の陸軍首脳部は、皇道派に傾いていきます。帝都の治安当局トップである香椎浩平《かしいこうへい》戒厳司令官自身さえも、決起部隊側に立って政治調停を行っており、青年将校の決起を可として、事件直後に陸軍首脳が新政権樹立を上奏していたほどです。

しかしながら、周知のように、二・二六事件は失敗に終わりました。

高橋是清《たかはしこれきよ》らの信頼する側近を虐げられた昭和天皇は激怒し、反乱軍断固鎮圧のご意思の下、三日も経たず二・二六事件は平定され、皇道派の領袖であった荒木貞夫・真《ま》崎甚三郎《さきじんざぶろう》は予備役へ、小畑敏四郎も退役となっています。

昭和天皇が新政権の樹立を断固拒否したのには理由がありました。

真崎甚三郎

それは従前に昭和天皇と木戸幸一《きどこういち》内大臣秘書官長が示し合って決めていたバックアッププラン（プランB）が効果的に作動したためだと言われています。

二・二六事件当日の朝、木戸は湯浅倉平《ゆあさくらへい》宮内大臣と広幡忠隆《ひろはたただたか》侍従次長と協議、事態収拾の基本方針を確認していますが、「全力で反乱軍を鎮圧し、実質的に反乱軍の成功に帰することになる後継内閣や暫定内閣は絶対に認めない」という内容でした。

このバックアッププラン、実は前年に皇道派によって惨殺された統制派《とうせいは》の永田鉄山《ながたてつざん》が木戸に建白していた計画を忠実になぞったものだったのです。

陸軍皇道派が起こす可能性がある軍事クーデターのありさまを「陸軍省と参謀本部と警視庁を押さえ、宮城へ押し入って自分の好きな内閣を陛下に強要する可能性がある」と想定し、生前、永田は木戸に披露していました。

木戸はこの時の永田の説明と対策を念頭に、バックアッププランを昭和天皇と示し合わせていたことになります。［文献３］

この結果、皇道派は排除され、抱き合わせで、それ以前に「三月事件」（↓１５１ページ）という宇垣一成《うがきかずしげ》内閣組閣を目指したクーデター未遂事件を引き起こしたとされる宇垣派も総退陣しています。

そして、陸軍首脳部に残ったのが、永田が手塩にかけて育て上げた統制派でした。大国になる決心を基に、積極的に第二次世界大戦に備えようというのが統制派です。結局、日本を「持てる国」化すべく、資源供給基地の獲得を目指して満州事変を引き起こし、続いて対中侵略を積極化させていきます。

国を分けた考え方1
「皇道派《こうどうは》」という選択肢

ではここで、当時の陸軍を分けた三つの考え方を見ていくことにします。欧州をくまなく訪問、戦地で教訓を集めながら、血を吐く思いで彼らが編み出していったそのソリューションは、大きく分けて三つに集約されていきました。

まず、主に荒木貞夫《あらきさだお》や小畑敏四郎《おばたとしろう》など、駐露武官群から提唱された方策が、そもそも「持たざる国のままでいる」というものでした。後に「皇道派」と言われる陸軍軍人がリードする方策です。

「持たざる国」である日本は、今後生起するに違いない第二次世界大戦では、徹底的

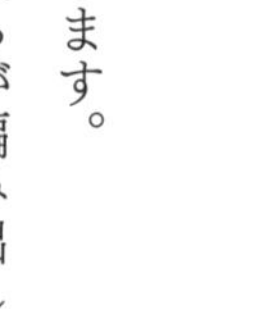
荒木貞夫

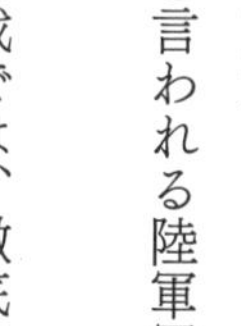
小畑敏四郎

に避戦で臨むべきという考え方です。「勝てない戦《いくさ》は行わない」という現実路線の追求を彼らは強く提唱しました。

皇道派の領袖からすれば、大戦に備えるための軍備増強ですら、日本国民には到底耐えることができないと見ていたのです。

無資源国家の日本が無理矢理にでも軍備増強を行えば、国民が被《こうむ》る過大な精神的、経済的負担を考えた時、その先にサンクトペテルブルクで目撃した赤化革命を惹起すると小畑らは考えていました。彼らの最重要目的は天皇制の保持であり、その目的貫徹を困難にする軍備増強は当然、視野の外となるのです。したがって「参戦は本末転倒である」という認識が皇道派の骨子でした。

戦争を忌避する方法としての「精神論」

こうした理論の主柱が、皇道派の頭脳と呼ばれた小畑敏四郎です。

彼は、明治18年（1885年）2月19日に高知県に生まれ、土佐尊王の志士を父に持ち尊王教育を受けました。明治44年（1911年）には陸軍大学校を優等で卒業、参謀本部勤務を経てロシアに駐在しています。

彼がその優秀な洞察力を発揮するのは、ロシア勤務の時に見た第一次世界大戦です。「持てる国」である帝政ロシアですら、長期戦に疲弊、内から瓦解していくさまを目の当たりにした小畑は、天皇制という国体護持を第一義に置くなら、日本に軍拡は取り得ない策であると悟ります。

尊王家小畑がロシア革命から受けた衝撃は、それだけ計り知れないものでした。軍拡が不可であるなら、現有の国防力で対応可能な仮想敵を一つに絞る必要があります。小畑は敵対する勢力をソ連に絞りました。他方、中国とは軍事同盟を結ぶなど、親善外交を基礎とした付き合いを考えます。英米とももちろん同様です。

1931年の柳条湖《りゅうじょうこ》事件を機に引き起こされた満州事変は、対ソ防衛に有効、かつ短期決戦で終結し、国力に打撃を与えなかったこともあり、小畑はこれを可としていますが、これ以上の対支那戦線拡大は不可としています。

その上で小畑が編み出したソリューションは、日本にお金も資源もないのであれば、お金も資源も必要としない「精神力の高進に賭ける」という点に集約されました。

尊王精神をベースに、玉砕覚悟で勇猛果敢に敵に相対する兵士を養成していくことに注力、現代の北朝鮮のように「触らぬ神に祟りなし」と、敵に忌諱されるような高度国防国家を実現できた場合、大国が日本を放置してくれる可能性に賭けた、武装中立策になります。戦争を行うにしても専守防衛に徹し、国民生活に負担をかけないよう、短期決戦に持ち込む軍事対応が骨子でした。

結果、小畑等は指揮官クラスのみならず下士官・兵士に至るまで、愛国心を極限にまで高め、厳しい軍事訓練に耐性を持つ軍人を大量に養成することに注力しています。資金や資源を必要としない、極めて難易度が高い機動的な側面攻撃を多用する軍事作戦を実行できるように訓練に訓練を重ねる必要があったからです。

極端な精神主義に傾斜した上で、補給という概念をハナから無視、短期決戦に徹した「統帥綱領」（＝日本陸軍作戦マニュアル）の策定は、彼らの目からすれば理にかなっていました。結局、帝国陸軍が行動方針の根幹にこれを据え、小畑の考え方が当時の陸軍に浸透していきます。

二・二六事件後、小畑は失脚、彼の意思は大戦中貫徹できなかったものの、「統帥綱領」だけは生き残って、太平洋戦争における陸軍作戦での補給を無視したガダルカナル作戦やインパール作戦などの悲劇を生むことになりました。

「統帥綱領」は、もともと満州における対ソ防衛戦の備えとして策定されたものでしたが、南方戦域が主体の太平洋戦争まで引きずってしまったことで起きた悲劇と言えます。改めて、シーレーン防衛という観点から皇道派の考え方をまとめると、

❶大規模なエネルギーを必要としない国造り⬇ 経済小国に甘んじ、清貧で省エネに注力

❷隣国を過度に刺激しない武装中立⬇ 国民の軍備負担を抑制するためシーレーン防衛を縮小し、防衛範囲を限定する親善外交を貫徹

ということになります。

国を分けた考え方2
「統制派《とうせいは》」という選択肢

しかし、そうした皇道派の考え方を生ぬるいと見ていたのが「統制派」と言われる日本陸軍内の高級将校群でした。「五大国入りした日本がその立場にふさわしい『持てる国』になればよいではないか」という考え方です。

来たる第二次世界大戦は、「持たざる国」である日本が「持てる国」になるチャン

スと考え、これに積極的に関与できる体制の構築こそが、彼ら統制派の考え方の骨子でした。主に、駐独武官であった永田鉄山《ながたてつざん》や石原莞爾《いしわらかんじ》などの陸軍将校が、この派閥の理論的主柱となっています。

総力戦を戦う準備を進める統制派の戦略

彼らは、ドイツ帝国が科学技術開発と生産力拡充の妙で、世界を向こうに回して第一次世界大戦を戦い抜く姿を目の当たりにしており、「持たざる国」である日本でも、やりようによっては勝つチャンスがあると感じたのです。大国日本の継続的な発展に必須の資源地域は、軍事的に手に入れていくプロセスを重視しました。

さらに、無駄なく資金を運用し、効率的に経済発展を遂げる過程で科学技術開発を進め、生産力を拡充し得ると考えます。そのため、企業が好き好きに生産し、資源を無駄使いする自由経済を破棄して、効率的に軍事物資生産に傾注できる統制経済の導入を推し進めていきます。

永田鉄山が、政治家や行政官僚たちとの結び付きを強化したのはこのためでした。

その集大成が1927年に誕生した内閣資源局、後の企画院です。

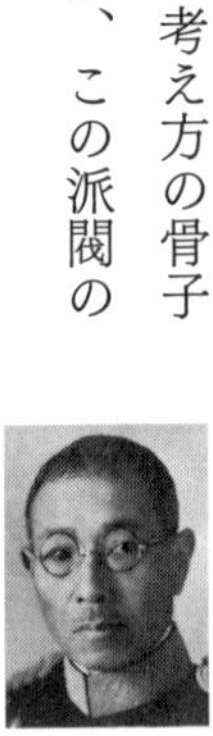

永田鉄山

1884（明治17）年1月14日長野県生まれ。1910（明治43）年陸軍大学校次席卒業。恩賜の軍刀を拝領。陸大卒業後、教育総監付を経てドイツに駐在。同期には皇道派の頭脳と呼ばれた小畑がおり、後1932年ごろに袂を分かつまでは親交があった。

以降、統制派は一般官僚と軍人が席を相並べ、来たる大戦での必要物資調査と効率的増産体制構築である国家総動員体制の推進に傾注していきます。こうして軍需物資増産を企図し、政界と経済界・財閥との結び付きは太くなる一方だったのです。

他国の侵略を前提とした構想の破綻

当然、皇道派の若手将校の間に、「君側の奸」として暗殺・除去する対象に永田を始めとする統制派の首領が視野に入ることになります。

実際、永田は二・二六事件の前年1935（昭和10）年に皇道派の陸軍将校に惨殺されてしまいました。殺害される前、永田は内閣資源局に国力調査を依頼しています。調査の結果は、中国を日本の産業・資源供給基地にすれば、日本は「持てる国」として、米ソに対抗できるという結論でした。

統制派の目的が中国攻略、とりわけ、当時の日本が特殊権益を擁していた満州の事実上の領有と、その産業化が根幹を占めるようになっていきます。

現代、中国のGDPが米国を凌駕するようになっている現状を見た時、まんざらおかしな理論ではないように見えます。ただし元来、他国の侵略など大義を得られない考え方に立脚していた統制派の戦略は初手から破綻しています。中国だけではなく英米蘭、最後にはソ連と敵が増殖してしまったからです。

しかし、大きな矛盾を内含しつつも統制派は中国侵略の具現化に突き進みました。率先したのが当時の石原莞爾《いしわらかんじ》陸軍大佐です。石原がその特異な才能を発揮するのは1931年9月、彼は満州事変を首謀、短期間で満洲全土を掌握しています。統制派の一員として、石原は満蒙領有の構想を持っており、1931年の柳条湖事件を機に満州事変を引き起こしたのでした。

兵力は関東軍の1万人に対して中国（中華民国）軍は25万人（公安隊を含め45万人の説も）と圧倒的に不利な状況で、装備も自動小銃など中国軍のほうが充実していたにもかかわらず、たった5か月で満州全域を占領、翌年3月1日の「満州国」建国につなげています。これは、第二次世界大戦における、ドイツの電撃作戦（対ポーランド・フランス）の先駆けでもあったため、作戦の立案・実施を行った石原は「戦争の天才」と称されるようになりました。

満州事変から9年後、石原は「持たざる国」である日本の採るべき道筋として、1940年5月29日、次のように京都で講演しています（『世界最終戦論』）。

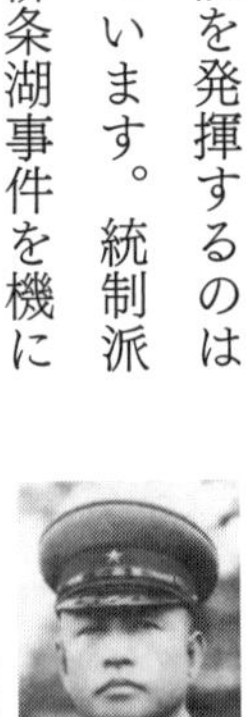

石原莞爾

1889（明治22）年1月18日山形県生まれ。1915（大正4）年陸軍大学校入学、3年後に次席卒業。歩兵連隊中隊長、陸軍大学教官を経てドイツ駐在。日蓮宗系の国柱会に入会し、日蓮宗の教えが後の思想・世界観に影響したとされる。

満州を一大産業基地として戦争準備を行い、アメリカを超える生産力拡充と、ナチスドイツを超える科学力の獲得を目指すことにあるとして、具体的に未来を以下のように述べています。

最後の大決勝戦で世界の人口は半分になるかもしれないが、世界は政治的に一つになる。同時に産業革命の美しい建設の方面は、原料の束縛から離れて必要資材をどんどん造ることであります。（中略）必要なものは何でも、驚くべき産業革命でどしどし造ります。持たざる国と持てる国の区別がなくなり、必要なものは何でもできることになるのです。［文献4］

ここで改めて統制派のシーレーン防衛に向けての提言をまとめると以下になります。
❶日本を「持てる国」化するための経済大国化⬇ 莫大なエネルギーの継続的輸入実現が必須、そのために長大なシーレーン防衛のため軍拡。
❷仮想敵は周辺全部⬇ 全方位型の危機対応を可能とすべく、満州などの資源地を日本周辺に配備

❸最終的には核の配備で❶と❷が完結する

皇道派の小畑は、「持たざる国」として何が何でも戦争回避だったのに対して、統制派の石原は、「持てる国」になる1970年までの戦争準備が国策の中心と考えていました。このように、陸軍内部でも国家グランドデザインの方向性を巡って大きな抗争があり、異なる絵を描いていた二つの派閥がぶつかりあっていたのです。

国を分けた考え方3

「宇垣派《うがきは》」という選択肢

日本陸軍内の派閥には皇道派と統制派以外にもう一つ、あまり有名ではない派閥がありました。宇垣一成《うがきかずしげ》を首領とした宇垣派です。

その主要な考え方の概要を言えば、皇道派と統制派の中間的な存在で、「現下は身の程をわきまえて隠忍自重、第二次世界大戦は避戦に徹しつつ、その間に科学技術開発と軍の近代化に研鑽を積んで次世代の大国を目指す」という考え方になります。

宇垣派の頭脳である酒井鎬次《さかいこうじ》は1885（明治18）年11月4日に愛知県に生まれ、

宇垣一成

酒井鎬次

1912（大正元）年に陸軍大学校を優等で卒業しています。陸軍省軍務局勤務、陸大教官などを経てフランスに駐在していますが、第一次世界大戦のフランス側から戦地で得た実経験から、「機械化兵団と航空主兵による電撃戦のみが日本陸軍の採る道である」と次期大戦のありさまを喝破しています。大陸進出は、日本と大国ソ連との国境線を拡大するだけであり、満州進出については、国運を左右する紛争激化の種をまく愚策として切って捨てています。無論、対中侵略などは論外となります。

酒井は、1937（昭和12）年3月には関東軍の独立混成第1旅団長として着任。この旅団は戦車2個大隊、自動車歩兵連隊、野砲兵、工兵などで編成され、車輌744両を擁する日本初の機械化兵団であり、酒井悲願の機甲部隊でした。

同年8月、酒井は陸軍中将として、日華事変において同月から開始されたチャハル作戦に機械化兵団を率いて戦っていますが、残念ながら思った通りの結果が出ませんでした。メンテナンスや作戦など諸々の事由により、戦車部隊の集中的な機動運用ができなかったため、作戦を巡り当時の東條英機関東軍参謀長と衝突します。

その後、出世の階段を上っていった東條によって、酒井は1940（昭和15）年予備役に編入されてしまい、旅団も結局解体されることになります。

酒井は陸軍を引退後も、軍事拡大路線は軍拡競争の果てに日本の破滅をもたらすとして反対します。戦時中は東條内閣打倒を近衛文麿のブレーンとなって工作、「長期消耗戦となる大戦へは不介入に徹するべきだ」とし「科学技術開発に邁進し、軍の近代化とそれを可能にする経済大国化をめざすべき」という信念を最後まで貫きます。

こうした物事の先を見通せる人物を抱えた宇垣派の首領が宇垣一成だったのです。

宇垣は陸軍大臣だった1925（大正14）年「宇垣軍縮」を行い、軍人3万4000人、軍馬6000頭を整理、その代わり戦車連隊や飛行連隊を新組織しています。

この軍縮が陸軍内に宇垣アレルギーを生み出してしまい、後に宇垣に組閣の機会が訪れた際、陸軍がボイコットしたため宇垣内閣は幻と消えています。

ここで宇垣派のシーレーン防衛における考え方をまとめると、

❶無用な戦争は隠忍自重
❷シーレーン防衛ラインの縮小で科学開発費を捻出、軍の近代化に注力
❸身の丈に応じた、持続可能なエネルギー政策とほどほどの軍備整備

となります。

こうした三つ巴の内部抗争を経て、結局は、威勢のよい統制派の考え方が陸軍の主

流となっていきました。陸軍といえども行政官庁であり、省益として権限増大をもたらすのは、軍拡志向の統制派だったのです。

1937（昭和12）年1月、廣田弘毅《ひろたこうき》内閣の総辞職の後、宇垣に組閣の大命が下ったものの、「三月事件」*関与の嫌疑を理由に、参謀本部の石原莞爾をはじめとする陸軍上層部は宇垣の首相就任を拒否しました。皇道派も二・二六事件の失敗で徹底的に陸軍内から排除され、昭和陸軍内部での大勢は、統制派で統一されていきました。

統制派が率いる戦前日本と敗戦への道

統制派の主柱・永田鉄山の思考

陸軍内での権力を掌握した統制派でしたが、大きな欠点を抱えていました。創始者であり、頭脳でもあった永田鉄山が、二・二六事件の前年に皇道派との内部抗争によって陸軍省内で惨殺されていたことです。頭脳なき統制派はこの後、陸軍と国政を事実上統括したものの、その運営は迷走に次ぐ迷走となってしまいました。

＊三月事件
1931（昭和6）年3月20日、帝国陸軍幹部によるクーデター未遂事件。橋本欣五郎ロシア班班長ら「桜会」のメンバーが、民間右翼の大川周明・清水行之助らと計画を立案。最終的に宇垣の同意が得られず未遂に終わった事件。

永田がその特異な才能と洞察力を発揮するのは、ドイツ赴任時に勃発した第一次世界大戦でした。持たざる国ながら、限られた資源を有効に活用して大戦を戦い抜き、準備不足から国民の総力を戦争に充てることができず敗戦したのがドイツです。

そうしたドイツを目の当たりにし、日本が総力戦をいかにして戦い抜くかに優秀な頭脳を絞って日夜格闘したのが永田でした。その結果、彼なりの答えが、中国攻略とそれを可能とする国家総動員法の発令です。

第一次世界大戦当時、「軍国主義からデモクラシーに目覚めたドイツ国民の良心による降伏」と喧伝されていましたが、永田にすれば「憫殺《びんさつ》すべきナイーブな考え方」としてこの風潮を却下します。永田は、ドイツが単に長期戦の備えがないまま戦争に突入した挙句、国民が飢えに苦しみ、長期戦に倦んだためだと喝破しています。

日々苦しくなる一方の国民生活を前にして、一発逆転の決戦をドイツ参謀本部は志向。しかし、戦争自体が総力戦の様相を呈していたため、一つや二つの決戦の趨勢で戦争全体の方向性が変わるわけでなかったという事実を披露しています。

したがって、「常備軍は不要ではないか」という質問を受けた際、「戦時になってからではなく、平時からの備えこそが長期戦のカギを握る」として、ドイツ軍同様に準備不足だったイギリスを例に取って実情を説明しています。

フランス軍がドイツ軍を防いでいる間にイギリスは動員、しかし、イギリス軍が軍として行動可能になったのはようやくその2年後のことで、同様にアメリカ軍も戦争準備が全くなかったと実情を語っています。

孤軍奮闘のドイツ軍は精鋭を初戦で消耗していくことになりますが、その一方で対峙するフランス軍が消耗している間に英米兵が、戦場でのＯＪＴ（実地訓練）を重ねて精兵となり、ドイツ軍に連続して相対できる能力を備えたことが勝敗を制した。つまり、「精兵の供給力が勝敗を分けた」というのが彼の持論でした。

このことから、永田は「徴兵動員数が精兵となる期間をいかに短縮するか、ここにこそ相手を凌駕する秘訣がある。したがって、急設粗造の軍隊がいかに頼りないか。平時からの軍事訓練がいかに重要か」という教訓を得たのでした。

永田は統制派の頭脳と呼ばれるだけあって、統制派の考え方をも客観視できる人物であり、この考え方の欠点を自ら指摘しています。

永田の考え方をよく知る上で「国防に関する欧州戦の教訓」という、１９２０（大正9）年に地理歴史を専門とする中学校の教員たちに向け、以下の内容で講演が行なわれています。

●（前略）帝国が他国に宣戦を布告した暁には、その当日からただちに東京大阪はもちろん九州北部の工業地や呉・佐世保の軍港は先《ま》ずもってこれら悪魔の襲来を受ける運命を有《も》つことになったのである。不幸もし日本がかかる立場に立ったとすれば、それは、じつに一大事である。市街は焼かれ、工場も破壊され、隧道《ずいどう》や鉄橋も爆破され、動員・輸送・軍需補給品等の軍事行動が著しく阻害されるのみならず、一般人民は家を焼かれ、食需を断たれ、たちまち生存上の大危機に逢着《ほうちゃく》せねばならぬのである。家屋が木造であり、隧道橋梁の術工物の比較的多い帝国はとくに他国に比し甚大の惨禍を覚悟せねばならのである。［文献5］

●（前略）これら努力の源泉はいうまでもなく国民の体力・精神力・智力にあるのであるが、従来吾人がみずから宇内に呼称していた帝国民の卓越なる精神力なるものも、これを這次《こんじ》戦争において白皙《はくせき》人種の表した精神力に比較し、しかも彼らが戦争の試練によって、いよいよますます無形的価値を増進したことに想到したならば、必ずしも

独り誇をもっぱらにし、晏如《あんじょ》たる能わざるものがあると思う。［文献6］

その後の悲惨な日本の末路を知る私たちは、永田の指摘が図星だったことがわかります。準備不足の果てに頼るものが精神力だけとなって滅亡したのが大日本帝国です。

しかし、どうしてこれほど未来を予測できた人物が作り上げた統制派という組織が、日本をかくも悲惨な末路を歩ませたのか興味が尽きません。

太平洋戦争開戦時の首相である東條英機は、この永田鉄山を師と仰ぐ人物として有名な人物です。永田の考え方を実行しようとした人物が、太平洋戦争中の日本のリーダーだったのです。なのになぜ敗戦を迎えることになってしまったのでしょうか。

筆者が一つ言えるとすれば、「仏像を作って魂入れず」ということではないかということです。つまり、永田が生前、国家生存の目的のために制定した「手段」としての国家総動員法ですが、手段が主となり、目的が従となったことだと考えられます。

国家総動員法を背景に、軍部は軍拡を正当化するため、戦争を戦争で賄うという、果てのない消耗戦を招来していくことになります。

永田亡き後の日本陸軍は、なぜ立ち止まり、皇道派や宇垣派などが提唱した第一次世界大戦からの教訓を見つめ直すことができなかったのでしょうか。

「持てる国」英米ソも「持てる国化しようとする日本」の行動を妨害する挙に出るのは当然のことでしたが、これは視野の外だったようです。当然、相手のことも考える必要がありました。

第二次世界大戦への備えとして、補給基地確保のため勃発した満州事変が、その後に日華事変とノモンハン事件を誘発し、最終的には石油の輸入をアメリカに止められてしまい、世界を相手に太平洋戦争に突入せざるを得なくなります。

確かに中国を策源地にしようとする石原や永田の着眼点は、現在世界経済のトップに立とうとする中国経済の勢いを見れば正しかったというのがわかります。

しかし、永田らの行動を「持てる国」が邪魔してこないことが大前提ですし、「持てる国」も日本と同じく成長しようと努力するので、結局は小畑や酒井が危惧したように、軍拡の果てに疲弊し、自滅する結末が訪れることは明白だったのです。

▼今後予想されるシナリオ・ストーリー

□日本は非常に脆弱なエネルギー政策しか取れないのが現状だが、ＡＣ（アフターコロナ）の世界では、省エネの推進であり、代替エネルギー開発が強化されよう。国民の危機感を背景として原子力発電の再開は急ピッチで進む可能性がある。また、ロシアとのエネルギーを通じた関係強化も日本外交の新機軸として目立つ動きとなりそうだ。

□日本が「敗戦」への道を進まないために何をすべきか。どのような動きやプロパガンダに注意すべきかを考えた時、限られた軍事リソースを効果的に使用するための施策が欠かせない。すなわち、シーレーン防衛ラインの縮小と仮想敵を絞り込むこと、欧米との軍事同盟の強化が考えられよう。
また、平時、戦時を問わず、仮想敵からのさまざまな工作戦の常態化が想定されるため、国民国家形成の基盤である愛国教育は欠かせなくなる。

□国土、シーレーン防衛について、国民は何を知り、いかに行動すべきか➡

今までは当たり前のように思えていたエネルギーやその輸送に欠かせない安全保障だが、実は莫大な費用が掛かる（タダではない）ということを認識した上で、一人一人が国際政治に敏感になり、選挙にも関心を持って、激流を先読みでき、即応可能な政治体制と政治家を選択することに尽きる。

第4章

「超限戦」という見えない戦争の時代

コロナショックはグローバリズムをどう変質させるか

現代アメリカに復活する「モンロー主義」

トランプ政権下のアメリカは、経済政策を大きく保護主義に転換しようとしているのが特徴です。２０１６年のトランプ大統領の誕生以来、「グローバル化」から「脱グローバル化」へ、アメリカ政治の地殻変動が世界を揺さぶり続けています。

ＷＴＯ（世界貿易機関）やＮＡＦＴＡ（北米自由貿易協定）➡ＵＳＭＣＡ（米国・メキシコ・カナダ協定）、ＴＰＰ（環太平洋経済協定）といった国際協調で成り立つ貿易体制の枠組みを弱体化させ、直接一対一での国家間交渉を迫るアメリカの動きを目の当たりに

ドナルド・トランプ

した時、大きな変革の渦に私たちが巻き込まれているのを実感します。

これまでは、国際分業体制＊を軸として各国が得意分野に特化し、世界の総生産量を最大化しようという経済活動に従事してきました。

貿易や金融を通じて世界経済が一体化し、情報革命を経て、その動きに加速をつけてきたこともあり、こうした動きは止まることはないと信じられていました。

中国が製造業に特化し、アメリカは情報産業に特化することで、世界の生産力は最大化できていたわけですが、トランプ大統領が旗振りとなって進められつつある保護主義の動きは、１９８０年代以降、先進国が営々と追求してきた「国際分業体制」の枠組みを再編するものです。それは中国の成長を阻害すると同時に、ヒト・モノ・カネの国際移動を制限する「脱グローバル化」につながります。

その場合、世界の生産量は減少し、物価が上昇することは間違いありません。

安価で大量に使用できる中国の労働力が生み出す大量の中国製品に対して、賃金が高く、数も不足するアメリカ人による米国産のモノやサービスに置き換えられた時、その値段が上昇することは言うまでもないことです。

こうした変化が、アメリカや国際社会を根底から覆すことになるのは明瞭です。

＊国際分業体制 19世紀のイギリスの経済学者であるデイビッド・リカードの「比較生産費説」における「比較優位」という考え方を利用したもの。ポール・A・サミュエルソン（1915〜2009）が、「弁護士と秘書の関係」で比較優位の原理を説明する。例えば、弁護士とタイピストがいた場合、「弁護士はタイピストを雇うべきか」という命題に対して「雇うべき」というのが答になる。弁護士が付加価値生産性の高い弁護士業に持てる時間をすべて投入すれば、タイピストを雇う費用を払っても余りある儲けが期待できるから。

ただし、グローバル化から脱グローバル化への転換がもたらす地殻変動は、実は今回が初めてというわけではありません。

大航海時代、世界経済が一つにつながった時代からの500年間、何度も振り子のように自由貿易と保護貿易との間を行き来してきたのが近現代の世界史です。

歴史を俯瞰して見た時、歴史的に大きな転換期でこそ、時勢に合った投資やビジネス、身の処しかたを選択する人々が巨万の富を手にしてきた姿を確認できます。

グローバリゼーションパラドクスとアメリカの選択

国際政治経済の潮流が大きく変わる時、どのような投資方針やビジネスを考えればよいでしょうか。そのためにはまず、潮流の方向を知る必要がありますが、「ハイパーグローバリゼーション」「民主政治」「国民国家」の三つは同時に成り立たない、という政治経済学者のダニ・ロドリックが唱える「世界経済の政治的トリレンマ」の考え方を援用することで可視化できます。［文献1］

「トリレンマ」とは三つのうち一つは同時に起こり得ないという意味で、次の三つの要件は同時に達成できず、二つを取れば残りのどれか一つは達成できないとする考え方です。

これをわかりやすく整理すると、

❶『ハイパーグローバリゼーション』
…高度なグローバル化（国際経済統合）

❷『国民国家』…国家主権（ナショナリズム）

❸『民主政治』…民主主義（個人の自由）

A.『国家主権（ナショナリズム）を維持しつつ、高度なグローバル化を望むなら、民主主義は諦めなければならない』

B.『国家主権（ナショナリズム）と民主主義

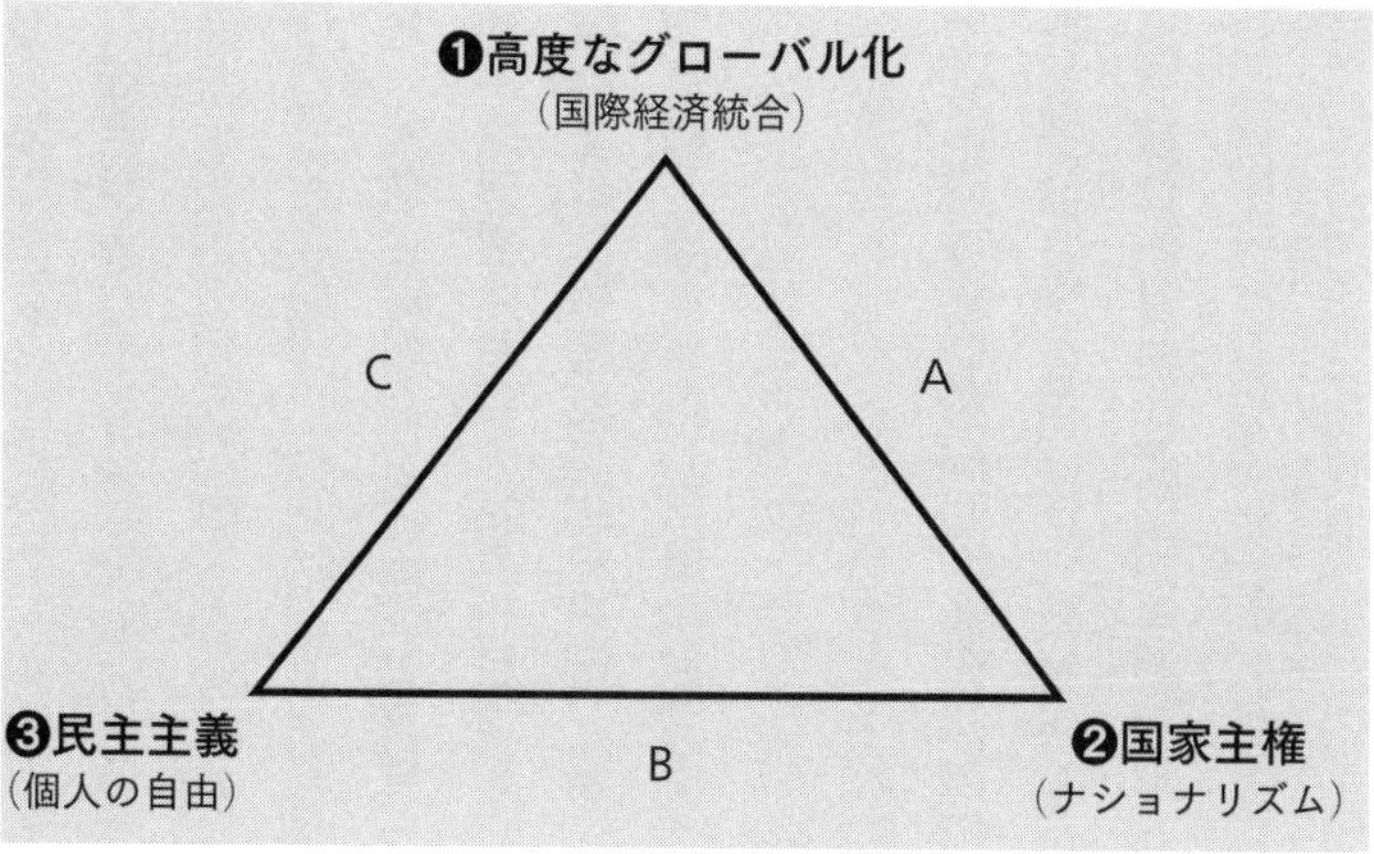

■世界経済の政治的トリレンマ（筆者解釈による概念モデル）

を取れば、高度なグローバル化は諦めなければならない』

C．『民主主義と高度なグローバル化を望むなら、国家主権（ナショナリズム）は諦めなければならない』

Aの「ナショナリズム＋グローバル化」については、民意に関係なく、国際分業体制に向けた規制緩和・市場重視の政策となります。第一次世界大戦後・世界恐慌までの動きや、サッチャー首相時代のイギリス、現代においては、共産党支配の中国、ポスト冷戦以降、「新自由主義」という名のもとに強力に推し進められた国際金融資本市場主義の世界が当てはまります。

Bの「民主主義＋ナショナリズム」については、グローバル化を制限し、各国別の経済運営を行うことが主眼となり、1929年の世界大恐慌以降のブロック経済が当てはまります。やや不確定ながら、アメリカのトランプ政権が進めようという政策もこのカテゴリーの当てはまりがよさそうに見えます。

Ｃの「民主主義＋グローバル化」は、グローバル化を導入しつつも、市場統合・通貨統合など、国際分業体制の枠組みについては双方の民意を反映し、協調的に作っていく形が主となり、代表例はＥＵの加盟各国の状況と考えられます。

この三つの選択肢のうち、どの潮流が今後の世界を支配していくでしょうか。

コロナショック以前の私は、Ａの「ナショナリズム＋グローバル化」の動きから、Ｃの「民主主義＋グローバル化」へ向けて、世界の潮流は動き出していくであろうと見ていました。

Ｂの「民主主義＋ナショナリズム」という鎖国に近い政体は、ＩＴ・情報革命に支えられた国際分業体制が行き届いた現在では採り難い方法です。生産性の悪化を伴うため、生活水準が大幅に悪化するからです。

トランプ大統領やイギリスのジョンソン首相の政策が、国民の間に大きな亀裂を生んでしまったのは、こうした時勢に合わない極端な方法を取ろうとしているからにほかならないと見ていました。

実際、英米が大混乱する姿を他山の石として、フランスでは２０１７年、極右のルペンが大敗し、中道路線のマクロン大統領が誕生しています。

ところが、コロナショックが起き、死の恐怖と失職の絶望を体験しているのがアメリカ国民であり、世界の人々です。

今般の「中国・武漢発ウィルス感染」というトラウマからグローバル化を忌諱して、Bの「民主主義＋ナショナリズム」の胎動を体感しており、戦慄せざるを得ません。

コロナショックが収まったとしても、全米で発生している大量の失業者間で、空前の職の奪い合いを考えれば、アメリカ人のトラウマは早々に落ち着くものではないと見ています。黄禍論に代表される差別主義が蔓延する可能性すら出てきています。

エスカレートする米中覇権争いとグローバリズムに代わる世界秩序の模索

米中覇権争いの激化を予感させるのが、失業者のガス抜きとしての対中攻勢です。

新型コロナウィルスの発生源である中国を叩くことは、米国有権者に訴求しやすく、アメリカの政権担当者には魅力的な選択肢です。

トランプ政権としては、半導体など最新兵器システムの生産に不可欠な最先端部品のサプライチェーンから中国を外し、生産基盤を北米へ移転することは国民総意を受けた政策として実行していくに違いありません。

アップルやフェイスブックなど、アメリカ国内のＩＴ企業や大学から中国人研究者を追放、中国に展開している米国の企業や研究機関を呼び戻し、国内の製造業、研究開発能力の内製化を図ることは論を待たないでしょう。

実際、鳴り物入りで中国の工場開設をぶち上げていた米電動自動車メーカーのテスラ社は計画を放棄しています。

貿易摩擦の激化は米中の西太平洋上での軍事的緊張の高まりとリンクしており、「超限戦」と言われる米中間の新総合戦が争われる事態に発展しています。

ポスト・コロナショックの世界では、米中間の覇権争いを軸とした新旧の国際秩序のせめぎ合いを眼前にすることになるでしょう。

ＥＵを離脱した イギリスの選択と背景

アメリカのみならず、排外主義の高まりは欧州でも見られます。２０１９年に行われたブレグジットを決定づけた、イギリス総選挙の結果も同様です。筆者には大変意外に思えるものでした。

貧富の格差が影響する中で、職にありつけない若者を中心とする労働者階級が労働党により多く流れると見ていたからです。

しかし実際は、ブレグジットを推進する保守党に多くの票が流れました。

「左派＝再分配重視」対「右派＝市場重視」という伝統的な経済的対立軸では十分に説明できない動きが背景にあると見られています。

つまり、「グローバル化推進派（国際主義者：ＥＵ残留）」対「脱グローバル化推進派（共同体主義者：ＥＵ離脱）」という対立軸を考えたほうが、今般のイギリス保守党の大勝利と労働党の大敗北を理解しやすいのです。

元来、労働者階級は職の奪い合いを恐れ、移民の増大に反対する傾向があり、社会的に保守の傾向が強いと言われています。実は２０１６年の国民投票でも、熟練・未熟練労働者はＥＵ離脱を支持しています。保守党の大勝利の裏側には、その支持母体が元来の上流階級層ではなく、労働者階級によって形成され、新しい支持基盤により支持されているという地殻変動が浮き彫りとなってきました。

こうした地殻変動を背景に、イギリスは２０２０年１月末のＥＵ離脱を強行していくことになります。

その際、２０１９年10月のＥＵ首脳会議で合意した離脱協定案に従い、２０２０年12月末までの移行期間中にイギリスはＥＵと包括的な自由貿易協定（ＦＴＡ）を締結しなければなりませんが、今般のコロナショックで、世界中が内に籠もる選択をし始め、イギリス国民は世界に先駆けた自らの選択に違和感を持たないはずです。

今後問題となるのが、「ＥＵからの離脱ありき」での政策合意が実行に移されようとしていることです。

イギリスの脳裏には、アメリカべったりで新冷戦構造下の世界に臨むことが、政策の推移を見れば明らかです。

これに対して、中国への配慮もあり、新冷戦構造下にある世界での進退に判断が下せず、混乱が見込まれるのがＥＵです。

ＥＵサイドは、イギリスのＥＵ離脱が今後の大勢とならないよう、ＥＵ他国加盟国への示しをつけるべく、強硬な姿勢で対英ＦＴＡ交渉に臨むことが予想されます。であるならば、ＥＵは意外に英米とは異なる道、例えば、中立を模索するか、中露との協力関係を重視するなど、旧秩序からの離脱を志向する道を歩む可能性も捨てきれなくなっています。

おぼろげに見えてくる将来の世界の動きは、筆者が今まで考えていた穏健なグローバル化を選択していこうという歩みながらも、保護主義の色をやや濃くしていることを憂慮しています。そうは言っても、国際分業と自由貿易によるグローバル化路線は、付加価値を大きく生む唯一の道でもあり、生活水準の維持を考えた時、どの国にとっても極端に抑え込むことができない流れだと思います。

したがって、やはりメインシナリオでは、保護主義という民意を反映しつつ、グローバル化のペースを従来に比べ、緩慢・漸進的に進む方向に動くというのが、今後の世界の趨勢になると見てよいと考えます。

国家主権と国際経済支配を実現しようとする中国

二・二六事件の既視感を覚える、現在の中国

筆者が既視感を覚えるのが、現代の中国と戦前昭和の日本です。

「背伸びせずに身の丈に応じて行動せよ」と中国に詰め寄るアメリカに苦慮する中国の姿は、英米にその頭を押さえられた戦前日本の姿とダブって仕方がありません。

戦前昭和の日本は、貧富の格差の拡大という内憂にも苦慮していました。

翻って現代の中国国内は共産主義を国是に掲げ、万民は皆平等であるはずが、内実は激しい格差社会にあえいでいる姿を見ればなおさらです。

先にご紹介した、「グローバル化」「民主主義」「ナショナリズム」の三つは同時に成り立たないという「世界経済の政治的トリレンマ」の考え方で言えば、現代中国は民主主義を棄てる方策を採用し、Aの「ナショナリズム＋グローバル化」の信奉者であるわけですが、その方策は、保護主義に傾倒しつつある国際社会、つまり、BやCの姿と真っ向から衝突していくことが予想されます。この構図も、戦前の昭和日本と当時の国際社会と同じです。

コロナショック以降の世界と中国

２０２０年に生起したコロナショックで世界経済が収縮する中、防疫の観点から国境を閉鎖、かつ、自国産業や雇用を守るため、安価な中国製品の輸入を抑制する国際社会の姿が明瞭になってくると、単に中国が苦境に陥るというだけに留まりません。国際分業体制に齟齬が起きて生産性が大きく悪化（1投資当たりで生まれる供給量の縮小）し、スタグフレーション構造（インフレ下の景気後退）に世界経済が転換していくことが容易に想像できます。

世界がインフレ構造に変化すると、とりわけ一人当たり平均給与の低い中国にとっては外需低迷もさることながら、生活必需品の価格上昇に伴う生活苦が、国民生活を直接ヒットするため、共産党政権への国民の不満が高まりやすくなります。

加えて、欧米諸国からはコロナショックの発生源を巡り、情報を故意に隠匿したとして、中国に情報公開や賠償請求を求める動きが拡大しています。

かつて、満州事変を調査するため来日したリットン調査団のような、国際的な原因究明の使節団の受け入れを巡って米中で衝突があるかもしれません。

内憂外患に直面しつつあるのが中国当局だという点は注意すべきポイントでしょう。中国の現政権が国民の不満をかわすため、国際社会と対立する方策を採用する可能性が高まるからです。

筆者は、中国もこのままでは官の論理で、昭和軍閥の同じ轍を踏む可能性があると見ています。

中国はメディア統制が厳しく、政治のプロセスが表面化する機会が少ないわけですが、国難を目前に、昭和軍閥内部抗争よろしく、政治派閥抗争が水面下で起きている可能性も否定できません。

今後もし、感染爆発が中国国内で再発すれば、現行の政治体制を巡って、国内外から大きな糾弾を受け、大きな政治的な混乱が中国発で起きる可能性があります。

中国の内情

2016年7月、中国国内インターネット検索エンジン最大手の百度（バイドゥ）がいわゆる「敏感単語」の表示制限を一時解禁した際に起きた事件が中国当局に動揺をもたらしたというニュースが報じられました。

百度でキーワード「刺胡事件（胡錦濤暗殺事件）」を入力して検索すると、検索結果に最初に現れたのは、「刺胡事件深度揭秘，事件内幕让人震惊！（胡錦濤暗殺事件を暴く、驚きの事件真相！）」と、当局にとって敏感な内容で、内部抗争が明るみになった初のケースとして中国内外に衝撃を与えたからです。（大紀元時報日本 2016年7月11日）

これは、河北省の保養地・北戴河《ほくたいが》で毎年開かれる、党の長老および現役幹部らが一同に会する「北戴河会議《ほくたいがかいぎ》」の直前のタイミングでもあり、彼らへの牽制として意図的なリークだったのではないかと言われています。

北戴河会議は秘密会議で、会議が始まったことも発表されず、どのような議題が挙がり、どのような攻防が展開されているかは不明であるものの、指導者や国策を決める最重要な会議とみなされている会議です。「習近平が長老や党中央幹部たちから行き過ぎた個人崇拝について糾弾され、辞任を迫られるのではないか」という噂はデマとして完全否定されています。言い換えれば、権力闘争は既に終結、習近平主席の強力な指導が本会議で承認されたことを暗に表し、習近平指導下の国策とその遂行方針が決定されたと考えて間違いないと見られています。

であるならば、この強権を維持するため、彼が国造りに向けたビジョンを明確に持っていなければならないはずであり、「それは何であるか」という点に注視すべきです。

以下にシミュレーション思考での想定を試みたいと思います。

中国の行方

これから「どこに向かって」（目的）中国は進んでいくのでしょうか。

何のための「強いリーダーシップ」（手段）なのでしょうか。

まず、中国を取り巻く、厳しさを増す国際環境を考えてみる必要があるでしょう。

米中貿易摩擦は一過性の事象ではなくなりました。コロナショックで世界中の厳しい視線が中国に向けられているためです。

筆者には現代中国が戦前昭和日本とダブって見えるわけですが、当時の日本にとっての生命線はガソリンでした。中国を含む現代国家にとっての生命線は半導体と言われています。ＩＴ産業のコアは半導体であり、最新兵器も半導体なくして製造できない時代となっています。

戦前、「持てる国」へ鋭意成長を遂げようとしていた昭和日本を叩いたのは、「持てる国」として旧秩序構成者であった英米ソです。

当時彼らが資源輸出抑制や関税引き上げなどの対日経済制裁を強めた施策と同様のことが、現在の対中国政策として西側諸国で続々と採用されつつあります。

アメリカが、中国最大の電子機器メーカーであるファーウェイを制裁対象の目玉に据えているのはその表れでしょう。米国の対中貿易戦争の狙いが、習近平政権の経済戦略の柱の一つである「中国製造２０２５」潰しであるのは今や明白です。

前述の北戴河会議と並行して、中国社会科学院・工程院院士62人を招いた座談会が開かれていました。科学院、工程院はともに中国の科学技術系エンジニアの母体であり、「中国製造2025」戦略の具体案を支える提言機関としても有名です。

こうした会議を経て、国家支援のもと、アメリカを凌駕する中国IT産業の育成、つまりファーウェイを核として、中国5Gの世界標準化と世界展開を見据えての行動にアメリカが懸念しているのです。

中国を包囲する国際社会

中国の危機感の根はほかにもあります。アンチ・チャイナの動きが世界で拡大している事例として地球温暖化を阻止する国際的な環境政策を巡る討議があります。これは、中国の発展を阻止する国際的な枠組み作りの一環であると筆者は見ています。

中国のエネルギー自給率は8割を超えているわけですが、自給の6割近くを頼っているのが自国産石炭です。

高度成長に伴い、中国の石炭使用量は指数関数的に伸びており、中国からの温室効果ガス排出量は2018年で26・6%と世界の4分の1を超える状況になっています。

＊各国別・温室効果ガス排出シェア（2018年）
中国 26.6%／アメリカ 12.9%／EU28か国 9.0%／インド 6.7%／ロシア 4.6%／日本 2.7%／ブラジル 2.5%／インドネシア 1.9%／カナダ 1.7%／イラン 1.7%／メキシコ 1.5%／サウジアラビア 1.4%／韓国 1.4%／オーストラリア 1.3%／南アフリカ 1.1%／その他 22.9%（単位:百万トン換算）
出典：IEA CO2 Emissions From Fuel Combustion 2018

石炭使用の抑制を意図する国際的枠組みは、完全に中国を狙い撃ちにしていることがわかります。

CO_2は目に見えないので、重油などの消費量などをベースに、ある公式を当てはめて温暖化ガスの排出量が計算されるのですが、その方程式を変更する権利は実質的に欧米が握っています。石炭に不利な形で排出量を決定する方程式が採用されていることも中国経済の発展にキャップをつける方向に作用しています。

２０１９（令和元）年9月23日にニューヨークで開催された「国連気候アクション・サミット２０１９」。スウェーデンの16歳の少女グレタ・トゥーンベリさんが「あなた方は私たちを裏切っています」と感情的にスピーチした演説や、小泉進次郎・新環境大臣のセクシー発言*が日本でも報じられ、多くの人の話題になりました。

しかし実は、資本主義マネーを大きく動かしている金融機関群が、脱炭素社会へ大きくコミットした会議だったことはあまり報道されていません。

会議に参加していた世界の主要機関投資家５１５機関は、運用額が３７００兆円を超える規模で、世界第4位のドイツ一国のＧＤＰとほぼ同等規模です。

全米最大の年金基金カルパースを始め、日本からも三菱ＵＦＪ信託銀行、三井住友

＊「気候変動のような大きな問題は楽しく、クールで、セクシーに取り組むべきだ」という発言内容。会見に同席していたフィゲレス前事務局長の発言を引用する形で、小泉大臣が述べたもの。

トラスト・アセットマネジメント、野村アセットマネジメント、ニッセイアセットマネジメント、日興アセットマネジメントなども名を連ねる主要運用機関群が、サミットに参加する各国政府に対し、注文をつける共同宣言を行っています。

●パリ協定で各国が自主的に宣言したCO_2の削減目標が不十分なので、２０２０年までに削減目標を引き上げること。
●政府政策をすべてパリ協定と整合性のあるような内容にすること。
●石炭火力発電を段階的に全廃し、さらに化石燃料の消費量を削減するための政策課税である炭素税を導入する。

という内容になっています。

今回は投資家だけでなく、銀行からも巨大な宣言があり、２０１９年9月23日には、銀行の融資が、環境や社会にどのような影響を与えているかを自主的に測定し、公表していく「国連責任銀行原則（ＰＲＢ：Principles for Responsible Banking)」が発足しています。

日本のメガバンクを含む、世界から131の銀行が自主的に署名していますが、今回署名した131行の運用資産総額は47兆ドル（約5050兆円）になります。

世界の銀行全体の1／3の資産にも上るこれらの署名銀行には、脱炭素社会へ向けた行動指針の決定が求められることになっています。

署名銀行が目標達成するには基本的に二つしか道はなく、CO_2排出量の多い融資先に削減するよう求めるか、CO_2排出量の多い企業への融資を止めるかのいずれかとなるわけですが、石炭がやり玉に挙がっている以上、火力発電と石炭に依存している中国や中国企業がターゲットになっていることは明瞭です。

実際、2020年4月に入って、みずほ銀行や三井住友銀行が、石炭関連の融資はこれ以降、行わない旨の声明を出しています。

今後の中国がさらなる飛躍に向けて既存秩序にチャレンジする決心なのか、それとも国際秩序に準じた身の丈以下の国造りを行うのか。

「持たざる国」と「持てる国」の狭間に立つ、習近平主席に率いられる中国は、国のビジョンを決定する大きな瀬戸際にいるわけです。

中国の「超限戦」というプロパガンダ戦略

今や、国際社会や「持てる国」は、中国をいかに封じ込めるかに戦略の重点をシフトしているわけですが、これに対抗するため、中国は現代の総力戦を実行しています。それは「超限戦」という言葉に集約されますが、1999年に中国人民解放軍幹部から生まれ、欧米など、軍関係の人たちには馴染みのある言葉です。

超限戦とは、あらゆる手段で制約なく戦う戦争を言い、平時も戦時もなく相手を弱めるための行動を指します。通常戦、外交戦、国家テロ戦、諜報戦、金融戦、ネットワーク戦、法律戦、心理戦、メディア戦等々がその手段です。

ロシアがウクライナにしかけた「ハイブリッド戦争」もこの超限戦の一形態であり、不断の諜報戦がウクライナ東部で戦争前から隠然と行われてきたのは有名な話です。

クリミア半島がもろくも数日で奪取されたのは、ロシアの超限戦の賜物としてのウクライナ側の内部崩壊があったためだと言われています。

中国共産党は、習近平による六つの安定（雇用・金融・対外貿易・外資・固定資産投資・

成長期待）の指示を最重視して動いていると言われています。これらはまさに超限戦の対象とされてきた項目です。

ただし、習近平がいくら安定を指示したところで、この六つのテーマは米中貿易戦争を始めとして、国際環境の影響を強く受けるものである以上、

❶欧米にへりくだって妥協する。
❷全面的に対決する。
❸その合いの子としての面従腹背つまり、平時における「超限戦」の推進。

の三つの選択肢の中から中国が行動指針を選ぶ必要があります。

習近平に対米妥協が許されないことを考えれば、❷の全面対決となるわけですが、世界中がコロナショックで嫌中に傾きつつある中での直接対決は、中国に分が悪く、三つ目の選択肢である超限戦の推進を選択する可能性が高いと筆者は見ています。

そもそも、好戦的な対外宣伝戦略が盛んになっている背景には、鄧小平から続いていた「*韜光養晦《とうこうようかい》」戦術を習近平が捨て、「中華民族の偉大なる復興」をスローガンに、

***韜光養晦《とうこうようかい》**
鄧小平が使った言葉。国力が整わないうちは、国際社会で目立つことをせず、じっくりと力を蓄えておくという戦略。

今世紀半ばまでに米国に肩を並べると豪語したことを受けての行動だからです。

したがって、米中対決は今後短期に終わるものではなく、超限戦で刃を交える中、長期にかけてお互いが音を上げるところまで、行き着くところまで行く性格のものだと見ています。

すでに始まっている
コロナショックをめぐる超限戦

新型ウィルスの発生源をめぐって、米中の対立が激化しています。

トランプ大統領は真珠湾攻撃やニューヨーク同時多発テロを引き合いに出し、「ウィルスによってアメリカが大打撃を受けた」として中国を改めて非難しました。

中国国内で「原因不明の肺炎患者が発生した」という報告が最初にあったのは、2019年12月8日です。12月30日にはインターネット上に「原因不明の肺炎治療に関する緊急通知」という武漢市衛生健康委員会作成の文書が流れました。武漢市内の多くの病院で肺炎患者が相次いでおり、12月31日の時点で27人の肺炎患者が確認され、そのうち7人が重症とした上で、中国政府が「人から人への感染は見つかっていない」と否定したことです。

アメリカが非難しているのは、感染症患者の発生とヒト・ヒト感染を中国政府が秘匿し、パンデミックを世界にもたらしたことです。中国は国際合意上、新型感染症の際、WHO（世界保健機関）にその事実を伝達する義務があります。

一方の中国はアメリカの攻勢に危機感を強め、「マスク外交」と称して、感染収束の成果とその証拠として、余剰となった医療資材の対外輸出に力を入れ始めました。特にコロナショックに苦しむ欧州諸国に対してマスクなど医療資材を送るなど、世界にアピール、プロパガンダの展開に余念がありません。

対外的に強い指導者を演出、妥協せず、ひるまないスタイルの習近平国家主席は、一部の強い者好きの中国非知識層の支持を得て、反腐敗キャンペーンを建前にした国内粛清を完遂した人物です。もし、対米外交において大幅な妥協を呑めば、国内における恐怖政治による求心力は崩れ、人民が離れるかもしれないという恐れを持っているに違いありません。近年の権力闘争を力業で乗り切ったのであれば、なおさら後には退けないということになります。

それは、米中対立の本質が経済問題ではなく、南シナ海や台湾をめぐる対立も含めた安全保障上の問題だと中国の指導部は見ているからであり、米国の最終目的が、「中華民族の偉大なる復興」を阻止することにあるとすれば、習近平体制の変更、解体につながるという危機感を高めていることになります。

外に向けて軍事圧力を強める背景

現下の中国は非常時下であるという認識、つまり、「新冷戦構造下にある中国」を明確に意識した上で、国際社会での行動方針を決定・推進していると考えるべきです。

コロナショックの発生源として厳しい国際社会の目にさらされる習近平体制は、今後、二次・三次の感染爆発に見舞われ、経済再建を円滑に達成できない場合、さらに国際社会の激しい非難を受ける危機を迎えます。

経済破綻にとどまらず、最悪のケースでは全国的な暴動、さらには共産党一党支配体制の崩壊といった、習近平独裁体制が革命に直面する最悪の状況をも念頭に「プランB」「オプションB」を用意していることが予想されます。

したがって、ここ数か月、中国は感染症防止に全力を傾けるよりもむしろ、周辺国に対する軍事的な威圧行動を強めているのもうなずけます。最悪のケースに備えての予行演習と考えられるからです。つまり、ガス抜きとしての外征なり、武力の対内・対外行使への準備だという補助線上での見方が腑に落ちます。

それは香港の民主派弾圧と本土への接収なのか、感染再発に伴う国内暴動の鎮圧なのか、台湾侵攻作戦なのかは不確定ですが、国内での政権転覆につながる革命的事態の発生を避けるためなら、最悪シナリオのカウンターとして外征を起こす必要も視野に入れての訓練であり、中国共産党幹部の危機感の表れと筆者は受け止めています。

飲み込まれる香港

象徴的なのが、中国・全人代による2020年5月28日の香港版「国家安全法」の採択です。今まで一国二制度によって保証されていた香港に対して、中央政府が中国本土の法律によって直接介入する点に香港市民が反発、海外からも懸念されています。

実際、英米は国際公約違反として中国を非難し、アメリカのポンペオ国務長官は米議会報告で「事実を踏まえると、今や香港が中国から独立した高度な自治を維持していると主張できる道理をわきまえた人は一人もいない」と述べました。

これまで香港やマカオは、戦中も戦後の東西冷戦下でも、どちらの陣営にも所属しない特殊事情を背景に、資本が集積するチャンスをものにしてきました。

しかし今や、中立地域としての香港の特殊権益に、揺らぎが起きる状況に陥ってしまったと筆者は見ています。２０１９年11月にアメリカで「２０１９年香港人権・民主主義法」が成立して以降、香港が十分な自治を維持しているかを米国務長官によって定期的に認定されることが優遇特権継続の条件になっているのですが、２０２０年5月29日、トランプ大統領は香港に認めてきた貿易や渡航におけるアメリカの優遇措置を停止する方針を発表しました。

香港が中国大陸と同じ扱いになる過程では、少なくとも数百億円規模の被害が香港サイドに生まれると報道されていますが、筆者は、それ以上に懸念されることとして、金融ハブとしての香港のリピュテーション（評価）が大きく損なわれたことを強く挙げたいと思います。

法治国家というより人治国家の側面が強い中国の法律が香港で適用されるようなことになれば、国際慣行上問題のない金融取引であったとしても、中国政府の意向に反するような売買を行った際、一瞬にして莫大な損害を被《こうむ》る事態が想定されます。

こうしたリスクを排除すべく、多くの外資系金融機関が香港から別の拠点を模索する行動に出るのは時間の問題でしょう。香港は私的財産権保護に重きを置く英米法に準ずるため、多くの外資系投資銀行が香港に拠点を置いて活動していましたが、権利の所在があいまいになる可能性の高い香港拠点での金融取引については今後、控えることになると見ています。

香港の地価の動きを見ると、そうした動きが顕在化しつつあるのがわかります。金融機関が集積する香港島の「不動産指数推移」を見ると、２０１９年5月末がヒストリカルハイで２００・９３（１９９７年7月の香港返還時を１００）、３月末で１８６・１となっていました。

２００３年5月末の最低値33を考えると、実に6倍近くまで上昇してきたのが香港の不動産値ですが、これらは米ドルとのペッグシステムを通じて、アメリカの金利引き下げの歴史と軸を一にしたものであり、今後は新冷戦構造下でのペッグ制のありようが問われる過程で大幅な下落が想定されます。

ペッグ制度とは、香港ドルにおける米ドル固定相場制度を言います。２００５年5

月18日、香港金融管理局（ＨＫＭＡ）が為替レートを1米ドル＝7・75〜7・85香港ドルの間に設定する目標相場圏制度となっており、ＨＫＭＡは、香港ドルの価値を維持するため、アメリカの金融政策に香港の金融政策を合わせる運営を行っています。

したがって、アメリカが金融緩和を行う際には、香港の経済状況の如何《いかん》に関わらず、香港でも金融緩和が行われることになります。

この20年近く、中国経済の発展に伴って香港経済も活性化してきたわけですが、利上げが必要な時でもアメリカ金融政策事由で利下げが行われてきたことが、香港の地価を不自然に押し上げてきたという背景がありました。

この制度が撤廃された場合、香港経済の基盤が壊れ、香港ドルを通じて米ドルの安易な入手を可能にしていた中国政府は、入手が困難になると見られています。

その際にはアジア通貨危機の再来が起きるでしょう。ペッグ制の揺らぎがある場合、香港という金融センターの終焉を、今後垣間見ることになるはずです。

米ドルの軛《くびき》があるため、中国はアメリカの意向に従わざるを得ない側面もあるのですが、「ペッグ制度が外れた時＝軛の外れ」という事態を意味して、一気にアジアの地政学リスクが上昇すると見ています。

＊**軛：くびき**
馬車や牛車につなぐため、馬や牛の頸部をつなぐ横木のこと。そこから、自由を束縛するものの意味を表す。

実際、香港版「国家安全法」が採択されて間もなくの2020年5月29日、中国人民解放軍統合参謀部の李作成参謀長が、「中国は台湾問題を解決するために平和的手段と軍事手段の双方を備えておく必要がある」との考えを示しているのは象徴的な発言でした。

李参謀長は、「台湾との『平和的な再統一』の機会が失われる場合、人民解放軍は領土の完全性を確保するためあらゆる手段を用いる」と述べています。

台湾の独立を阻止するため、2005年に採択された「反国家分裂法」の制定15周年を記念する式典での発言で、同法は中国が国家分裂と判断した場合、台湾への武力行使を認めており、中国の進む道筋の一つが提示された形だと言えましょう。

香港併合の動きは台湾、そして尖閣へ

無論、日本に対しても尖閣諸島などの係争地域への奇襲侵攻なども十分、彼らの視野に入るわけであり、私たちが注意するに越したことはありません。

実際、海上保安庁の集計によれば、2020年に入って、中国公船の尖閣諸島接続水域内での延べ確認隻数、領海侵入船の延べ隻数はいずれも、急増した2019年に

近い高水準が続いています。

「量」では海自はもとより、すでに米国を凌駕しているのが中国海軍です。軍艦は米軍の287隻を超える300隻を保有（2019年5月米国戦略国際問題研究所：CSIS報告）し、また、質でも追い上げが急ピッチで進んでいます。ウクライナから購入、改造した「遼寧」に続き、国産空母「001A」の試験航海を行い、2番艦を建造中、3番艦、4番艦建造の計画もあるほどで、質量ともに海軍力の整備に余念がありません。

2020年4月、海上自衛隊は、中国海軍の空母艦隊が、沖縄本島と宮古島の間の海域を南下し、太平洋へ向けて航行したことはコロナショック下にある極東アジアの緊張感を高めています。

遼寧ほか、ルーヤンⅢ級ミサイル駆逐艦2隻、ジャンカイⅡ級フリゲート2隻およびフユ級高速戦闘支援艦1隻の計6隻を確認。6隻の中には燃料を提供できる補給艦も含まれているということで、日本防衛の視点から、中国軍が遠方への展開能力を高めていると見られるからです。（統合幕僚監部報道発表資料「中国海軍艦艇の動向について」2020〔令和2〕年4月28日）

超限戦を仕掛ける中国に対するわが国の対抗策

前述のように、今後、コロナショックで世界経済需要が大きく縮小する中、従来、世界経済の成長から最大の恩恵を受けてきた中国は、当然ながら世界からつまはじきにされる可能性が濃厚です。頭を押さえつけようとする国際社会に対して中国が牙をむく時、わが国を含む国際社会は、どのように対峙すればよいのでしょうか。

欧米と手を結んで中国の封じ込めに動くか、中国と手を結んで新秩序建設に乗り出すか、日本が岐路に立つ日が遠からず訪れるものと見ています。

戦前昭和の陸軍に見た、永田（新秩序建設を巡る戦いに積極参与）か小畑（ハリネズミ化による中立維持）か、日本は究極の選択を取ることを余儀なくされるでしょう。

中国の対日攻勢は既に始まっており、地政学リスクでは、沖縄での中国による在沖縄反日分子への資金援助など、国内政治への介入工作は確実に行われているため、外国による政治介入阻止に向けた国民への周知徹底と教育は欠かせません。

沖縄方面への陸戦隊に当たる部隊の展開も必須です。いざとなれば、盟邦軍やアジア諸国との中国の食指が伸びる事態を事前に阻止する外交・軍事方面での対応をより強化すべき時期が来ています。

現代中国は新冷戦構造下の国のありようを規定、「超限戦」を平時から掲げ、文字どおりの総力戦に対応した国造りに余念がありません。中国が超限戦をしかけているなら、当然、対抗措置が必要です。

アメリカは半導体製造を含め、中国からの本国回帰を図っていますが、日本でも、2020年4月、安倍政権が中国にある工場などを国内回帰、ないし東南アジアへ分散させる企業への支援策として約2400億円の予算を確保、長期的な国益重視の観点から、核心部分における中国離れに舵を切っています。生産拠点を国内回帰する中小企業へは、その際の費用の2／3、大企業へは1／2を、経済産業省の「サプライチェーン対策のための国内投資促進事業費補助金」で補助する予定です。

中国に依存するサプライチェーンマネジメントの政治的・経済的脆弱さがマスク製

造も含めて今回のコロナショックで浮き彫りになったためです。

コロナショックにあって、現憲法下では戦前の国家総動員法のような強制力を伴う厳格な防疫対策が取れませんでした。しかし人権保護の崇高な理念も、生命の危機や独立国家を脅かす存在を前にした時、何の防壁にもなりません。

統制派の永田がなぜ総動員法を設定したのか、何が悪かったのかについて、先達の経験を検証しながら、中国の超限戦への対策を考えると、生命と独立の危機に直面した時、リアリストに徹して私権を制限するなど、ある程度、状況や時代の潮流に見合った価値観の転換が必要かもしれません。危機に際して、今までのように遅々とした対応しか取れない法体系があるなら、それを改定するなど、危機対応の方法を根本から見直す必要があるという議論が今後出てくるはずです。

アメリカの対中国軍事戦略と日本

もっとも、その議論は内からというより、既に日本の外から出てきています。

日本以上に今後の極東情勢の変化に危機感を持つのがアメリカ海軍です。中国を「戦略的競争相手」として明確に位置づけ、インド太平洋を重視した戦略態勢への転換を進めています。とはいえ、その対処方法はトランプ政権の本国回帰政策を反映して、控えめな内容になっているのが日本としては懸念されるところです。

2020年3月末、米海兵隊は再編計画文書『フォースデザイン（戦力設計）2030年』を発表しており、対中防衛を念頭とした抜本的な海兵隊の改革が記された指針書になっています。

ただし、トランプ大統領が求める「現行予算内での改革」という制約を受け入れていて、2030年までに1万2000人の兵員数削減を、歩兵大隊と歩兵支援大隊を中心に実行、加えて七つの戦車中隊を全廃することで予算が捻出されています。

その上で、ロケット砲兵中隊を現在の14から21に増強、また敵の勢力圏下で情報収集・警戒監視・偵察や対艦・対地攻撃などを実施する無人機（VMU）部隊を現在の3から6に増やすとしているのが今計画の柱となっています。

つまり、初戦での相手の策動を捉えるべく、無人偵察機やサイバー戦などの偵察強化で前方展開任務に傾注するというのが新概念です。

ただし真珠湾攻撃のごとく、前衛の在日・在韓米軍基地が奇襲を受けたとしても、

「米海兵隊はなるべく出血しない」という趣旨に沿っての改革となっています。初戦の被害を少なくしながら、長距離ミサイルなどのアウトレンジからの反撃作戦を可能とする、戦術・体制の構築が新海兵隊の役割として期待されていることがわかります。

米空軍は２０２０年４月17日、中国や北朝鮮をにらんで米領グアムに前方展開していた戦略爆撃機に関し、今後は米本土からの運用に切り替えると発表したことは、徐々にそうした考え方が実行に移されてきている証左と言えます。先立つ４月16日、グアムのアンダーセン空軍基地に配備されていたＢ52戦略爆撃機５機をグアムから米中西部ノースダコタ州のマイノット空軍基地に移動したと発表されました。

米軍は２００４年以降、戦略爆撃機のＢ52やＢ１、Ｂ２を交代でグアムに配備し、中国や北朝鮮に対する抑止力を維持するとともに、日本や韓国などの同盟諸国に向け、米国がインド太平洋地域に関与していく姿勢を打ち出してきたわけですが、グアムは既に中国の中距離弾道ミサイル射程圏内にあり、有事の際は真っ先に標的となる可能性が高く、攻撃を避けるためと考えられます。

今後、あくまで米軍はレーダーとしての役回りに徹し、軽装備になることが予想されます。米本土からの来援部隊を待つ数か月間、日本本土防衛のカギは自衛隊そのものになることが明らかになりました。人員や装備、弾薬・ミサイルなどの確保に、自衛隊は膨大な準備が必要となっていることがうかがい知れます。

日本に残されている時間は意外に少ないかもしれません。

日本は米中対立の最前線へ、中国は米ロの変数に過ぎない

日本としては、新冷戦構造下での生き残りをかけ、主に対中防衛の観点から、盟邦との連携を強めるだけではなく自助努力が肝要です。物理的な自主防衛力の強化とともに、立ち遅れた法整備を含めた国内の危機管理能力向上を期して、総合戦を戦い抜く覚悟と行動が求められます。

ただ、本章で最も述べたい核心は、「日中関係が極東の安全を決定していくことはない」ということです。つまり「中国は米ロの従属変数に過ぎない」という点です。極東アジアの近現代史を振り返った時、実は米ロの動きこそが趨勢を決定してきました。

現在、中国はロシアと親密であるため、背後を気にせず、日本を始めとするアジア

諸国に強気に出ていると考えればそれは自明です。つまり、日中関係の経緯はすべて反射的なものなのです。

なぜかと言えば、中国といえども、アメリカやロシアというケタ外れの核戦力（各々約6500～6800発）を有する国を屈服させる力がないからです。

かつての無謀な旧日本軍のごとく、諸々の理由で中国が冒険的になっていることを嗅ぎ取ったアメリカが、本腰を入れて対中攻勢を強めており、中国もそれを受けて、死に物狂いになりつつあります。

その余波を受け、日本も対中防備を固めなければならない事態にあるわけで、今までのように「米中寧月で日中も無風」というわけにはいかなくなりました。

そうした真の因果関係をベースに、今後の情勢を見つめる態度が欠かせません。日中関係がよかろうが悪かろうが、米中関係が悪化する時、日本は地政学的に中国の海洋進出を邪魔する位置にあり、かつ米軍基地を擁していることもあり、中国にとってどうしても目の上のたんこぶとなる存在です。したがって、本土防衛の努力が前にも増して必要になるというわけです。

▼今後予想されるシナリオ・ストーリー

□コロナショック以降、アメリカは大統領選挙でトランプが落選した場合でも、国策が大きく変わる可能性はないだろう。

いずれが選挙に勝とうが、異次元的な財政拡大のツケとしてのスタグフレーションの蓋然性が高く、その経済危機の際には、国民間の断絶を防ぐための外敵を中国に求めることが安易な方策となるため。

□コロナショックをめぐって、世界対中国という図式になった場合、中国はどのような行動を取る可能性が高いか⬇

満州事変への国際的信認を得ることができなかった戦前昭和の日本が、国際連盟を脱退、東亜新秩序建設に邁進したような事態は一つの考え得る形態。

対米戦に備え、世界の新秩序建設を進める協力国とともに、超限戦を強化し、世界展開するようになろう。無論、あまりに過酷な決心が必要でもあり、中国政権の内部抗争を招く可能性もある。

□日本は中国の超限戦に対して、どのような対策が打てるか⬇
愛国心を鼓舞し、国民国家としての内部での連帯を強化、外部からの攻勢に対応できるようにする。日本の独立維持という究極の国益の面から、何が真で何が悪かを国民一人一人が見極める能力を培うべく、もっと国内外情勢に目を向ける教育も欠かせない。

□歴史的に見て、超限戦を破った事例はあるか⬇
戦時・平時構わず戦争状態であった米ソ冷戦などはこの事例。結局、油価暴落や、分を超えた軍備増強がソ連を崩壊に導いたとされるが、それに至る過程には、アメリカの対ソ非軍事的工作も含めて複合的に作用している。

第5章

日本は「永世中立国」という選択肢を取り得るか

永世中立国という選択肢の真実

激化する米中貿易摩擦やブレグジットを挙げるまでもなく、行き過ぎたグローバリゼーションの反動が始まり、２０２０年に生起したコロナショック以降、実際に国境を越える人やモノの移動は困難になっています。

筆者は欧州在住で、職務上、月３回は国境を越えて仕事をする必要があるため、このことを痛感しています。ロックダウンの影響で海外渡航が不可能になっているばかりか、国によって、緊急性のないものは小包ですら国境を越えられません。

２０１９年までＬＣＣ《ローコストキャリア》の発展は飛行機の旅を身近にし、需要の増大から乗員や整備員が不足していたのがウソのようです。まるで様変わりしてしまった世界ですが、その動きはもはや止めようがなく、大きく変わりつつあります。

実際、防疫面以外では動かないことが、政治的にも経済的にもリスクになる時代だと言えます。世の中が大きく変動する時はリターンを得るチャンスも大きくなります。筆者の職業で言えば、今までとは違う、時流に合った運用手法を取り入れていくかどうかで今後の資産運用のリターンに大きな差異が出てきます。

本章では、かつてあらゆる国が国境封鎖状態となった大戦期、世界の転換期や危機の時代に優位と言われる「永世中立国」という国体のありかたを考察します。

現在の新冷戦構造下にあっても中露と欧米双方からの恩恵をフルに受ける可能性を喧伝されますが、スイスを例に「永世中立国」の長所と短所について、新冷戦構造下コロナショック後のわが国にとっての最適解となるかを検証します。同時に、危機の時代にワークする資産クラスは何かを取り挙げます。

スイスが「永世中立国」を選択した歴史的背景

スイスは1815年、ナポレオン戦争後のウィーン会議で「永世中立国」として承認されて以降、その後200年以上にわたって、中立国という立ち位置を堅持してきた国家です。

歴史的に見るとスイスの最重要輸出品は傭兵でした。19世紀までのスイスは貧しく、職にあぶれた若いスイス人たちは各国に赴き、傭兵として戦った後、スイスに給料を持ち帰ったのです。現在、バチカンの衛兵にスイス人傭兵が従事しているのはその名残です。

そのためスイスにとって、「特定の国との同盟関係は傭兵の就職先を狭める」と認識され、どの国とも同盟を組まない方針が、次第にスイスの国是となっていきました。

19世紀以降、スイスは欧州の中心に位置する地理的特性を活かし、周辺国での社会体制

■現在のスイスと周辺国

の変容に関わらず、欧州で商業活動を持続的に行うことができるメリットを十二分に活かしてきました。

筆者が運用するファンドの信託銀行はスイスの銀行で、日々、スイスにあるトレーディングデスクとコミュニケーションを取りながらポートフォリオの運用取引を行っているのですが、スイスは外国資本の取り扱いを含め、国際金融資本取引に立脚した経済を成功裏に進めている国です。

こうした貿易黒字や資本取引からの利益で、スイス政府債務は対GDPの27・5％（2019年政府決算）に収まっており、EU平均の80％を大幅に下回る優等生となっています。ちなみに日本の同数値は237・6％で世界ワーストです。

スイスが通商・資本取引のメリットを特に発揮するのは、地政学リスクが大きく動揺する時期だと言われています。実際、第一次世界大戦と第二次世界大戦の時期、軍事的・経済的な比較優位性を発揮しています。

スイスは両大戦の戦時下にあっても、戦火を免れたばかりか、両陣営に武器やスイス製品を輸出することにより大きく利益を上げました。特に第二次世界大戦時での対独輸出は大きな利益をスイスにもたらしています。

戦時下の永世中立国スイス

全方位型で「いいことづくし」に見える永世中立国のステータスですが、実は「永世中立国」という体制は、国民全体に大きな犠牲を強いた上で成り立っている政体ということはあまり知られていません。特に戦時中のスイスの姿の詳細を追った時、国民が払う犠牲は莫大だったのです。

今から80年前の1939（昭和14）年9月、ドイツが突如ポーランドに侵攻、第二次世界大戦が勃発した時、スイスにも大きな緊張が走ります。

スイスは直ちに中立を宣言するとともに、国民450万人のうちの14％を軍事徴発して自衛戦争に備えました。しかし、国民の動員数が全体の10％を超えると国家運営が成り立たないと言われています。第二次世界大戦終戦時、根こそぎ動員し「一億玉砕」が叫ばれていた日本ですら9％程度でした。14％という数値がどれほど悲惨で過酷な数字なのかがうかがい知れます。

当時の独仏国境線は、フランスがいわゆる「マジノライン」と呼ばれる要塞群を配備し、これを迂回するスイス経由でのドイツの対仏侵攻作戦が懸念されていました。

スイスとしてはドイツに何としてもこのプランを断念させるべく、大量出血を強いる可能性をドイツに知らしめる必要があったのです。当時からスイスが高度国防国家であることは誰もが知る話です。ただし、専守防衛を旗印にしており、他国に侵攻できる軍を持ちません。隣接国はスイスからの侵略が有り得ないため、危険を犯してまでスイスを侵略する必要がないと考えることを期待するわけです。

スイスの防衛戦略

当時のスイス国土防衛プランはアンリ・ギザン将軍の手に委ねられていました。彼は徹底抗戦を訴えて「砦《とりで》作戦」を立案しています。これは峻険なアルプスに軍を集結、ドイツ機甲部隊やドイツ空軍の攻撃を無効化する地の利を得た上で、長期戦を戦い抜くというものでした。

スイスがこの作戦に勝機を見出したのは、山岳地域という自然の要害に籠《こ》もることによる動員数削減にありました。やはり国民総数の14％という大規模動員はスイス

アンリ・ギザン

国家経済の限界を超え始めたからです。国土の大半を放棄してでも、長期持久の少数によるゲリラ戦で相手に出血を強いる「砦作戦」は苦渋の選択でした。

いずれにせよ、出血を恐れたヒトラーによってスイス侵攻作戦は回避され、代わりにオランダ・ベルギー経由の対仏侵攻作戦が実施されます。スイスの背水の陣が功を奏した形でした。ただしその直後、イタリアが参戦、フランスがドイツに降伏し、スイスの四方八方が枢軸国家によって支配されてしまったのです。

この結果、連合国向けの輸出は地理的に制限され、1940（昭和15）年のフランス降伏前に比べて半減しています。他方、枢軸国向けには約3倍です。

スイスの中立に寄与した産業技術、電力、鉄道網

以降、スイスは対独協調貿易を主とする中立国として、対独交易で言えば、主に石炭や鉄、非鉄金属、食料をドイツから輸入する一方、それらを加工した兵器、アルミ、工作機械、化学製品、医薬品、電力を輸出しています。

とりわけドイツは、スイスの優れた軍事産業の協力を要請しました。チューリッヒのエリコン社は高射機関砲を製造しており、20ミリ機関砲と時限信管は特に秀逸で、ドイツ軍を大いにサポートします。時限信管は高射砲に欠かせないもので、例えば「高度３０００ｍ」と設定した高度で砲弾が爆発する仕組みは、スイスのお家芸であった時計製作技術によるものでした。また、スイス製の20ミリ機関砲は日本の零戦にもライセンス生産・搭載され、太平洋戦争でも大活躍しています。

そのほか、今日ではスウェーデンのアセア社と合併して「ＡＢＢ」と名前を変えたブラウン・ボヴェリ社やエッシャーウイス社は、船舶用ボイラー、タービン、スクリューなどを製造しています。海のないスイスですが、水力発電技術からの船舶技術には特に優れたものを持っており、川崎重工や三菱重工にもライセンス提供されて戦艦大和にも採用されていた技術もあると言われているほどです。

ドイツは兵器以外にもスイスに依存せざるを得ませんでした。それはドイツ工業地帯への電力供給です。山岳国家の特性を活かした水力発電は、戦間期には80～96億キロ／時でした。うち20億キロワットを送電していたドイツ南部では、スイスへの電力依存度がほぼ１００％に達します。この電力はドイツの航空機製造に必須であるアルミニウム精錬に欠かせないものだったのです。

加えて、スイスが独伊を連結する鉄道網も保有していたことも、ヒトラーには魅力的でした。英海軍によって海上封鎖を受けていた当時の枢軸国側からすれば、イタリア産の食料とドイツ産の石炭をスイス経由で輸送する鉄道網はまさしく生命線でした。結局、戦時中の独伊間の資源輸送は、1944（昭和19）年、スイス経由が6割を占めています。

ギザン将軍はドイツが攻め込んできたら、この鉄道網が走るゴッタルドトンネルというアルプス山脈中のトンネルを爆破封鎖することも砦作戦の一環として同時宣言しており、ドイツとしてもスイス侵攻をためらう理由の一つになっていたのです。［文献1・2］

スイスの中立を保障した金融力

そして、なんと言ってもヒトラーがスイス侵攻をためらい、スイスが戦時中に中立国たりえた最も重要な理由は、金融面での対独協力が期待できたことです。

戦時中のドイツは、同盟国や中立国から軍需物資を輸入する場合、物々交換の形を取ることが主流でした。しかし、希少性の高い原油やタングステンなどの資源については対価を事前に支払うことが求められたため、ドル不足のドイツは苦境に陥ります。

1941（昭和16）年6月にドイツの在米資産が凍結されて以降、米ドルが使用できなくなってしまったドイツにとって、欧州における国際通貨は唯一スイスフランのみとなっていたのです。スペインやポルトガルはタングステンなどの希少鉱物資源、ルーマニアは石油の代価としてスイスフランをドイツに要求し、ドイツはスイスから入手して代価を支払いました。

ドイツはスイスに貿易決済上の貸越し限度額の引き上げを要望しています。1940（昭和15）年の対独信用供与が3470万スイスフランスだったのが、独ソ戦が勃発した翌年には1億5378万スイスフランと億の大台に乗り、1942年は1億7438万スイスフラン、1943年には2億スイスフランを突破するという状況でした。

もちろん、「担保がなければスイスフランを供与しない」というスタンスは貫いており、ドイツからは担保価値に同等する金塊を受け取るなど、スイスは資金回収に余念がありませんでした。戦時中、12億3000万フランもの金塊をスイス国立銀行はドイツから買い受けています。［文献2・3］

ドイツ軍が侵攻した際、彼らが真っ先に拘束するのは中央銀行とその関係者だったのは、こうしたいきさつがあったのです。そのため、オーストリア中銀の100トンを皮切りに、数々の中央銀行が略奪の対象になります。

ドイツは略奪によって集めた金塊をスイスでマネーロンダリングし、その代価で軍需物資を入手、戦争継続を可能にしていた実態が明らかになっています。

当然ながら、多くの欧州中銀はナチスの略奪を恐れ、国内で保持する金塊を主にニューヨークに輸送し始めました。バチカンの8トンなどもそれに含まれます。イギリスは2000トンを海上輸送しました。ソ連のスターリンも、レーニンの防腐された死体とエルミタージュ美術館の美術品に加えて、国立銀行保有の金2800トンをウラル山脈の東方に移動させています。

四方を囲む強国ナチスドイツにも筋を通す、こうしたスイスの強気のスタンスは、もちろん、ドイツとの間での談合の結果です。

「スイスの中立堅持」と「中立国であるが故に維持される国際通貨価値」というロジックをドイツ自身が熟知しており、だからこそ、スイスはドイツにスイスフラン融通で協力する代価として、堂々と担保としての金塊をドイツに要求し、ドイツもそれを受け入れていたのです。

もっともドイツにとっても犠牲は大きく、ライヒスバンクが保有する金《ゴールド》は、開戦直前、1939年8月末の133トンから1939年末には110トンへ、1940年以降は50トンから40トンへ、1943年には30トン台へと急激に落ち込んでいきます。

ドイツが東部戦線で史上最大規模の戦車戦で知られるクルクス戦において戦力を失い、加えて西部戦線でのノルマンディ上陸作戦を受けたことで大戦の趨勢がほぼ決定した1944年以降では、金《ゴールド》の裏付けもなく、かつ武力にも陰りが見えるドイツへの貿易決済上の貸越し限度額は、4322万スイスフランに激減しています。

そうは言っても、ドイツはその敗戦まで本土決戦に備えてある程度の軍事力を温存していたことを考えた時、ドイツにとって、スイスがいかに戦争経済遂行に必須の金の卵を産む雌鶏だったのかの証左と言えます。

しかし戦後、スイスはこのドイツとの取引で大きな国際的な非難を抱えることになります。前述のようにスイスはドイツから12億3000万スイスフランの金塊を買い付けていますが、そのドイツのライヒスバンクは開戦時に1億2000万スイスフラン相当分の金準備しかありませんでした。この巨大な差額は、ドイツがベルギー・オランダ・ルクセンブルグ中央銀行から入手したり、占領地域にあるユダヤ人から徴収した有価証券や貴金属をスイスに売却した代価としてスイスフランを入手する方法によって生まれています。こうした行為が、戦後、ユダヤ人団体から激しく非難され、国際問題へと発展、紆余曲折を経てスイスはユダヤ人からの損害賠償請求に応えて補償しています。[文献2・3・4]

スイスフランと日本の関係

スイスフランは連合国や日本にも重宝されていました。連合軍は欧州内の連合国協力者などの諜報機関への支払いや外交関係での支払いにスイスフランを用いており、戦時中の欧州においては両陣営から重宝されてきたのがスイスだったのです。

日本も戦時下にあって、ヨーロッパにおける軍需品の買い入れや、在ヨーロッパ邦人の旅行などにスイスフランが必要でした。

当時、日本の外為業務を一手に引き受けていた横浜正金銀行がスイスフラン調達の任に当たっていましたが、戦争の初期には、わが国所要のスイスフランについてはドイツが用立ててしてくれていた時期もあったようです。

ところが、ドイツにとって戦局が傾くにつれ、日本自らスイスフランを調達しなければならなくなりました。

代替案として、東京にあるスイス公使館に金塊を指し入れ、これを担保としてスイスフランを貸借する、あるいはこれをスイス側に売却して、ヨーロッパでその代金をスイスフランで受け取るという通貨スワップ協定を日本が主張しましたが、著しく悪化の一途を辿る戦局を考慮して、日本からの提案はスイス側から拒絶されます。

ところがこのスイスフラン調達が、連合国側の事由で急転直下、解決に向かったことは幸運でした。

というのはアジアにおける日本管轄下にある連合国捕虜へ慰問品輸送の道を作ろうという連合国側の提案が、日本・スイス双方に行われたからです。

そこで、連合国側はスイスの中央銀行にスイスフランを払い込み、スイス中銀はそれを横浜正金銀行の勘定に入れ、横浜正金銀行はそれに相当する円貨を、日本あるいは日本の占領地帯にあるスイスの公使、あるいは総領事に支払うという方法が取られました。在日本占領地域にいるスイス官憲は、この円貨で連合国捕虜に対し、酒類や煙草そのほかの慰問品を買い与えるという仕組みになります。

この結果、スイスの横浜正金銀行口座の残高は急激に増えていきました。これを受け、遣欧潜水艦がなくとも欧州に駐在する日本外交官、軍人に豊富な活動資金を提供することが可能になったのです。

米・英・オランダ三か国が振り込んだ総額は、終戦までの1年足らずの間に計1億1560万スイスフラン、今の物価が当時から5倍となっていることから、現在の貨幣価値で言えば約700億円にも上る金額でした。［文献5］

永世中立国という選択を日本は受け入れられるか

さて、ここまで戦時中のスイスの様相を見てみましたが、前述の事情から、スイスが永世中立国にこだわる理由は、

●領土の保全
●商機、
●多くの国々にとって、万が一の時のラストリゾートとしての紙幣が発行できる

という三つの理由があることがわかります。

翻って、日本にとっても「永世中立国」という立ち位置は魅力的な政体であり、「実

際、過去に鎖国という形で採用していた、経験値のあるこの政体を採用すべきだ」という議論を、少なからず耳にする機会があります。

一見、永世中立国としての立ち位置は魅力的であるものの、スイスの事例から見ても、これを手に入れようとするには相当の覚悟が欠かせないことがわかります。「国際社会から村八分にされても構わない、独立独歩でやっていく」という相当の覚悟が国民にシェアされるとともに、外国を懐柔する口八丁手八丁の外交手腕、そして、「どの陣営にも属さない」という覚悟の下で初めて国際的に信認される通貨とその発行権が必要となるためです。

筆者が取引銀行のスイス人のバンカーとのディナーの席で聞いた話では、戦時中、彼の祖父はドイツとの経済的取引を行いつつ、裏ではユダヤ人の家族を匿《かくま》っていたということで、中立国の維持には政府も民間も二枚舌が欠かせないと聞きました。

また、よくある「国民皆兵に裏付けされた軍事強国を目指す必要がある」という意見も、はたして中立国の真実を理解したものか、はなはだ疑問です。その負担はかなり重いものですが、隣国の軍事大国が中立宣言を一顧だにしない可能性もあります。実際、ドイツは先の大戦で中立宣言をしていたベルギーを蹂躙《じゅうりん》しています。

現代の日本にとって、中国が海洋国家へと変貌を遂げる意思を持つなら、日本が中立宣言をしようがしまいがお構いなしです。軍事的損害を考慮した上でも利益があるなら、中国が日本に攻め込んでくる可能性はゼロにはならないはずです。

海洋国家を中国が目指すとするなら、地理的に目障りとなる日本は、利益度外視で攻め込む必要があると考えても不思議ではありません。

日本にとって「永世中立国」の選択はデメリットのほうが大きい

何より、G7の一角を占める自由貿易立国のわが国としては、今さら西側から離脱して中立するには、失うものの価値は計り知れません。

「合従連衡《がっしょうれんこう》」の世界で、中露を含む広範な多国籍軍との「合従」でアメリカに対抗するか、「連衡」してアメリカの従属国になるか、という究極の選択をイメージした時、従来のようにアメリカとの連衡を取りつつ、スイスのように専守防衛を旗印に周辺国への諜報・外交に努め、なるべく敵を刺激しないように振る舞うことは一考の価値がある方策となるでしょう。

変化の激しい世の中においては、できる限りあらゆる選択肢を持っておくべきであり、例えば、想定外の侵攻を予防する上でのミサイル防衛網と核武装の整備は、日本をハリネズミ化するのに役立つことになります。

ギザン将軍にとってのゴッタルドトンネルは、日本にとっての沖縄であり、尖閣諸島です。

在沖縄空軍力による制空権下、日米共同の機雷敷設や軍事艦船による海上封鎖が行われる時、中国の沿岸諸都市は飢餓に苦しむことになり、その際、中国経済は、ほぼ壊滅的な打撃を受けることになるためです。

それでもあえて中国が沖縄に侵攻するのであれば、「機雷をばらまいて中国沿岸都市にとっての生命線となるシーレーンを破壊する」という意図を明示すれば、予防になるでしょう。

西側同盟国に頼らない生き方は過度の物的・精神的負担を日本国民生活に与えるだけであり、鎖国体制はほどほどにせざるを得ないものと諦めるべきでしょう。されど自らの防衛努力は強化するという方策が望ましいと言えます。

独自金融では中立を維持できない日本

日本の食料とエネルギーの自給率は、世界の中でも群を抜いて低くなっています。思いを致すのは太平洋戦争中の日本のありようです。当時の周辺は敵だらけ、同盟国は遠く欧州にあるばかりでした。

当然、南シナ海の海上シーレーンの重要性は日本にとっては生命線となり、そこを米潜水艦で攻撃された戦時下の日本は、ジリ貧からドカ貧となって敗戦の道を転がり落ちました。

資本についても同様です。現在の、世界に冠たる日本円の豊富な流動性は、それ自体が国富増大に役立っています。しかし、西側諸国との協力がなくなると、途端に通貨価値は大きく毀損するでしょう。

戦争の気配が濃厚になると途端に、国家は平時から戦時体制に社会を強制的に変容させます。経済機構や貨幣発行の形態も例に漏れることはありません。

そうした時に信じられる資産クラスは、歴史を振り返った時、金《ゴールド》と、どの陣営にも属さないスイスフランであることが浮かび上がってきます。

略奪しかり、ステルス的な軍票発行しかり、敵国の経済を攪乱するための「偽札づくり」などの謀略しかり、戦争に勝つためなら使える信用は極限まで使うのが、暴力装置を行使して存亡をかけた時の国家の本質です。

自国の通貨が中立を維持するのに弱すぎるのであれば、自国通貨以外に資産を分散させておくことが肝要です。

新たな危機の時代の始まり

新冷戦の始まりは、「貿易戦争から軍事的対立に拡大していく」と筆者は激変しつつある欧州の現場にいて感じています。

2019年度の米中貿易協議も一部妥結とはいえ、本丸である米国の対中関税の完全撤廃や中国IT企業の国家支援も解決されておらず、今後も貿易協議は続いていくでしょう。

こうした貿易摩擦が米中新冷戦構造の幕開けにすぎないことが世間に明示されてい

く展開を想定しています。したがって、新冷戦は長期化・拡大し、それを支えるための金融緩和・財政拡大が世界的に必須となると考えてよいでしょう。

世界各国の財政悪化を恐れる市場での長期金利の上昇が、短期金利引き下げによってどの程度、景気圧迫の度合いを軽減するのか、現在の世界通貨であるドルの価値において、この点が綱引きの争点になると見ています。


歴史を振り返って考えた時、世界経済の体温計とも言われる米ドルの価値が揺れ動く時は、金《ゴールド》とスイスフランへの需要が急速に上昇します。

金塊はその永遠の輝きに代表されるように劣化することのない金属であり、貨幣が必要とする要素である「価値の保存」を最も満たすものです。

また、貴金属という性格上、国家破綻リスクなどから自由であり、存在に限りがあるため、政府と中央銀行の癒着で発行量が無限になりがちな紙幣と比べて比較優位がありました。この点が、世界大戦というカントリーリスクが増大する事象や、なりふり構わない紙幣の乱発を招きがちな戦時に、貿易通貨としての輝きを増して世界中で重宝されることになったのです。

ただ一方で、金は重くかさばるという欠点があり、この点で紙幣に比較劣位となります。そのため、戦争当時の欧州では、金塊輸送の手間を省くためにも、前述のようにスイスフラン紙幣が主に欧州での国際間貿易でやり取りされていたのです。

戦時下とはいかないまでも、動揺が激しくなる現在の新冷戦構造下の世界で、どのような資産運用形態が望ましいのか、自分の分身とも言える貴重な財貨を、どのような資産クラスへ投下すればよいのかという点では、スイスフランの保有は魅力的なものとなるはずです。

ただし、2020年5月29日の時点では金利がマイナスとなっていることは注意すべきでしょう。人気になりすぎて海外からの資本流入が止まらないため、あえてマイナス金利にまで金利を下げていることになります。したがって、利子を払い続けるという形で、保有コストがかかることを念頭においてのスイスフラン保有が肝要です。2年債券では年利マイナス0・67％となっています。

もう一つ、スイスの永世中立国を維持する秘訣を加えておくなら、それはオフショアのステータスです。

スイスは海外の納税者各々と徴税官が面談して、各々のケースで税率が決まるという特殊な国であり、例えば、川を超えた対岸がイタリアである「ルガーノ」というスイスの町には、多くのイタリア人富裕層が二重国籍を持って暮らしています。

普段はミラノに暮らしていても、納税は税率が1／3以下になるスイスに行うという形を取ります。

スイス周辺国の富裕者、有力者にとって、平時からスイスがその利益を担保している以上、スイスに攻め込むことの無益を感じさせることを期待できます。

ここまで見てきたように、メリット・デメリットを考えた時、精神的な鎖国を伴う「永世中立国」のステータスは、現代日本には全く合わない国体であると断言せねばなりません。何もわざわざ苦労して永世中立国へ転換する必要もありません。

リスク／リワードを考えるのであれば、永世中立国であるスイスの通貨フランを、国家外貨準備や個人資産に多量に保有することで、永世中立国を国体として採用する恩恵の一部を、疑似的に享受することができましょう。

スイスの長所を見習う部分もあるのも確かですが、それは軸足をアメリカへの完全依存から自立の方向へ動かす程度にとどめておくのが適切な方法だと言えます。

食料自給率とエネルギー自給率が低い国である以上、唯我独尊で立ち回るには、スイスと同等、もしくはそれ以上の手練れた外交手腕を政治家も国民も持つ必要があるわけですが、島国の日本人にそれは望むべくもないことです。

いずれにせよ、従来のお金の物差しとしてワークしてきた世界通貨である米ドルの立ち位置・基準が揺らぐ時、金《ゴールド》やスイスフラン、あるいは第7章で申し上げる、外貨準備高で脱ドル化を進めるロシア通貨のルーブルは、平時以上の輝きをもって、あなたの資産ポートフォリオを守ってくれることになるはずです。

▼今後予想されるシナリオ・ストーリー

□スイスはこれからも「永世中立」を国是として国家運営していくことになるか⬇
中立維持の内外からのメリット次第。スイスの実態はEUと運命共同体であり、EUがスイスの中立維持を認めないのであれば、スイスもこれを放棄するであろう。既に、スイス中央銀行がスイスフランの価値安定を名目に、為替市場介入を通じてGDPの何倍ものユーロを購入、保有していることからもそれは明らか。

□日本はスイスのどのような点を学び、自国の弱点を克服していくべきか⬇
生存競争において、口八丁手八丁も時には必要。周辺国の有力者にとって、日本の独立が利益となることを硬軟交えて知らしめる外交・宣伝工作は必須だろう。

□国民の意識が国家を作り、防衛の基軸となるが、今回のコロナショック以後の日本の課題として浮かび上がってくることはどのような点か⬇
国民国家として国民皆兵主義を取るのがスイスの国体。海外からの超限戦、対日攻勢を踏まえて考えた時、日本国の日本人としての一体感を醸成する必要は、変遷極まりない今後の世界を見つめた上でも欠くことはできない。

その手法は、教育だけではなく、徴兵制度（超限戦を視野に入れた場合、特に軍事教練にこだわる必要もない）を通じた一体感の醸成も視野に入れてみてもよいかもしれない。

第6章

17世紀のオランダに学ぶ、コロナショック後の世界への対応

紛争危機を回避する外交力

新興国各国に今、異変が起きつつあります。コロナショックを経て、なりふり構わぬ生き残り戦略に走り始めているからです。イランなどはその典型ですが、外国と武力衝突することも厭わなくなってきています。

国境の壁が高くなり、先進国からのヒト・モノ・カネの移動に齟齬をきたし始めた中、それらを最も必要としてきたのが新興国です。彼らは高度成長に向けて突き走ってきたところで、急ブレーキをかけられた形となっているためです。

そうした国家間の問題解決を含め、これまで、国際調整能力を果たしてきたのがアメリカでした。しかしアメリカ自身、コロナショックの被害が甚大で、「外国に構っている場合ではない」というスタンスが鮮明になってきました。もともとあった自国回帰の傾向が、今回の件を経て強化されています。

２０１９年まで私たちが慣れ親しんできたアメリカを頂点とする秩序で成り立ってきた世界（Ｇ１）は、もはや存在しません。アメリカは国際紛争調整に興味や力を失い、ますます内向する中、これから私たちの世界はどこに向かって進んでいくかを考えてみます。

「高度グローバル化」から、国家主権を意識した「穏健なグローバル化」へ

世界が進む未来像を探るべく必要な作業は、まずは今の世界を鳥瞰することです。第４章（→１６２ページ）でふれたように、おぼろげに見えてくる世界の動きは、「民意を重視しつつ、穏健なグローバル化を選択していこう」という方向になります。コロナショック以前からのトランプ現象、ブレグジットなど、その「兆し」はあったものの、今般のコロナショックでその流れは決定的になりました。自国民の雇用安定を優先して、移民や安価な外国産の商品の流入を拒み、従来のような極端なグローバリゼーションからの修正が世界各地で起き始めたためです。

とはいえ、国際社会がコロナショックを経て、疫病の発生源を事由とする黄禍論や移民への排外主義を強めたとしても、グローバル化そのものは捨てることはできない流れです。というのも、われわれの快適な暮らしを支えるモノやサービスは、情報革命を通じて獲得した世界貿易・金融の一体化の上に成り立っているためです。グローバル化と私たちの社会は、もはや切っても切れないものになっています。

したがって、最終的には「民主主義＋穏健なグローバル化」に世界の潮流が動くと筆者は見ているわけですが、その際、具体的な世界の様相を考えた時、世界の各地で緊張度合いが高まることが容易に想像できます。

例えば通商においては、相手国の民意を重視する必要があるため交渉が長引く分、お互いにストレスも溜まり、今まで以上に国際緊張が高まります。

米軍がにらみを利かせ、局地戦すら起き得なかったのが以前の世界でしたが、アメリカが世界の警察官を辞めて、国際紛争を解決する力を喪失しつつあるのが現在の国際社会です。わが国の債務国などに、債務返済を免れようとエゴむき出しで相対してくる国が出てきてもおかしくありません。

アメリカや国連など、国家間の調停機関が機能しないのであれば、それに付随して、世界のあちこちで自らの力を頼りに問題解決すべく、小規模戦争が発生する確率が高まる可能性が濃厚です。その際、北朝鮮やイランのように、核装備を志向する国も増加し、核拡散が進展する可能性を考慮する必要が出てくるでしょう。

核拡散に伴い、「核の恐怖」が最終的に働くことになるため、双方とも破滅を恐れて殲滅戦には至らない可能性が高いと見ていますが、一方で、通常兵器による局地戦がだらだらと頻発する可能性があります。

私たちは「G1」時代と比較して、相対的に「自助」の世界に突入し、緊張感の高まる世界に身を置くことになるでしょう。そうした事態を嘆いても仕方なく、むしろ、弱肉強食の時代でどのように振舞うことが得策なのかを考えて行動に移すべきです。

歴史を振り返って考えた際、17世紀に世界の覇権を握ったオランダの歴史は、示唆に富んでいると筆者は考えています。

まさに第4章の定義における「民主主義＋穏健なグローバル化」が当時の世界であり、その世界の勝者がオランダだったからです。

日本とオランダの交易の歴史

オランダとの交流の始まり

栃木県にある禅宗、龍江院《りゅうこういん》に小さな観音堂があります。この観音堂に徳川初期から大正末期まで観音様と一緒に「カテキ様（貨狄尊）」という木像が安置されていました。従来の仏像とは全く異なる顔つきの像を、土地の人たちは古くから「アズキトギ婆」と呼んで畏怖の対象としてきたのです。

ところが、エラスムス像の写真が1924（大正13）年から2年間、バチカンで開かれた世界宗教博覧会に「在日本キリスト教聖人像」として出品されて注目を惹き、村上直次郎ら南蛮学者や駐日オランダ公使通訳官スネレン氏の研究で、この像が実は、オランダの偉大な人文学者である、デジデリウス・エラスムス（１４６９～１５３６年）の木像であることがわかりました。木像が手にする巻物に「ＥＲＡ■ＭＶＳ　Ｒ■■ＴＥ■■Ｍ　１５９８」とあって「エラスムス・ロッテルダム」と判読されたからです。

ではなぜ、このエラスムス像が海のない栃木県にもたらされたのかというと、綿密な調査の結果、このエラスムス像はオランダのリーフデ号の船尾像であることが判明します。

１５９８年当時、オランダのロッテルダムを5隻の小船団がアジアを目指して出航、その中にリーフデ号がありました。ところが、嵐によって難破したリーフデ号は、他の船と生き別れになる中、１１０名中たった24～25名の生存者を乗せて、日本の豊後（今の大分県）に漂着、歩けるものは6名のみだったそうです。新教徒の英国人、三浦按針ことウィリアム・アダムスはその中の一人で、航海士として乗船していました。

豊後国に彼らが漂着した時、領主であった臼杵城主・太田《おおた》一吉《かずよし》にエラスムス像が贈られます。

その後、複数の大名の手を経て、家康に仕えた牧野《まきの》成純《しげずみ》にわたり、彼の菩提寺である龍江院にこの像を納めたという経緯が浮かび上がってきました。

エラスムス像

現在、像は重要文化財として東京国立博物館に寄託されています。

オランダが目的としていた、当時のアジア商圏最大の産銀国であった日本にようやくたどり着いたその証がこのエラスムス像なのです。そして、このリーフデ号の日本への漂着が、その後の世界史を大きく塗り替えることになっていきます。

ここで一つ、強調しておきたいことがあります。オランダの日本漂着も偶然ではなく、彼らは通商を行うため、はるばる日本を目指してやってきたのです。

17世紀が「オランダの世紀」になった理由の一つに、危険に満ちた冒険を可能とする造船技術を持っていたことが挙げられますが、彼らがこうした勇気をもって、冒険に打って出たことこそが、主な発展の理由に挙げられましょう。［文献1・2］

オランダの成立背景と貿易・外交力

オランダの成立背景と、いかにして外交力をつけていったかを以下に見ます。

独立前のオランダは、ネーデルラント（現在のオランダとベルギーを併せた地域）と呼ばれ、毛織物工業の発達とともに商品輸出の振興により、商業が発達していました。

ところが、安全保障費の名目で諸々の税金を納税しなければならないという、宗主国スペインによる過酷な徴税に直面していたのです。

カトリック国のスペインによって重税を強制された挙句、プロテスタントだったオランダの人々はカトリックへの改宗を強制されるなど、宗教弾圧が苛烈を極めたこともあって、スペインに反旗を翻します。

1568年、独立戦争としてスペインに宣戦布告して以来、海陸でゲリラ戦を展開していたオランダは、イギリスの支援も得て、北部ネーデルラントにあった7州（現在のオランダ周辺）を中心とした、ネーデルラント連邦共和国として独立を宣言します。

独立の動きについては、スペインも黙っていませんでした。

スペインはオランダ独立前年の1580年にポルトガルを併合しており、世界貿易港であるリスボン港を対オランダで閉鎖してしまいました。オランダへの嫌がらせとして、対蘭経済制裁を行うべく、新大陸の銀やアジアの香辛料といった商品の流入を断絶したのです。

当時の国際通貨は銀貨でした。その銀の供給の6割以上が、スペイン占領下の中南米にある銀山から産出されています。

現在も、この構図は変わっておらず、例えば、2019年の産銀国ランキングで言えば、1位：はメキシコ（5364トン）、2位：ペルー（4374トン）、3位：中国（3496トン）、4位：ロシア（1531トン）、以下、5位：チリ、6位：オーストラリア、7位：ボリビアとなっており、メキシコは今でも世界の産銀の3割近く、南米ではほぼ半分を占めています。[文献3]

1588年、オランダの盟邦であるイギリス艦隊が、アルマダ海戦において、英本土上陸作戦を強行しようとするスペインの無敵艦隊を無力化したことは、オランダにとって幸いでした。

とはいえ、その後もスペインによる対蘭経済封鎖は続行されており、スペインからの銀供給が断たれたオランダにとって、国際通商に必須であった「銀の獲得」が急務であることには変わりはありませんでした。

そこでオランダが目を付けたのが日本です。

当時、もう一つの銀大供給国で世界銀生産の3割以上を占めていたのは、わが日本でした。豊臣・徳川二重公儀体制下にある日本との通商をオランダが目指したことは道理だったのです。

オランダ東インド会社の設立

オランダ側の対日貿易交渉の中心になったのは、当時設立されたばかりのオランダ東インド会社です。

かつてのオランダ商人間での過当競争を反省して、ホラント州の五つの貿易会社とゼーラント州の一つの貿易会社が一致団結した形で設立しています。

この「連合東インド会社」、いわゆる「オランダ東インド会社」が１６０２年に設立され、以降この会社がオランダを代表して日本と折衝に当たりました。

南アフリカの希望峰から、マゼラン海峡・極東に至るまでのすべての海域において、貿易・植民・軍事・貨幣鋳造の全権限をオランダ連邦議会から付与されたのが東インド会社です。

オランダから遥か1万キロを超えた先、東南アジアまで8か月以上かかるこの道中、しかも、敵が充満する海域を通過していかねばなりません。

このリスクに満ちた通商行為を基盤にしているため、株式には当然高い配当が要求され、相応のリスクプレミアムを株主に提示する必要がありました。

額面ベースでは3・5％の利払いが保証されていましたが、実際の実現配当利回りは、この規定を遥かに超え、1606年には75％にも達しています。

こうした高い期待利回りもあって、株券取得を巡って、国民の間で大ブームが起きたのですが、その裏側には新しい工夫もありました。

出資権の一口一口を「株式」と呼び、少額でも資本拠出ができるようにしていました。しかもこの株式は無限責任から有限責任に移行させ、株主には出資額を超えて損害が出ないような造りになっていました。株式の譲渡は自由で、現在の株式と同様の性格をすでに備えており、当時としては画期的な金融商品でした。

この結果、世界最初の株式会社として、遍《あまね》く人々から650万フローリング（今の価値で100億円ほど）に至る莫大な資本を集積することに成功しています。

他方、当時のイギリスにも東インド会社がありましたが、航海ごとに出資者を募る方式で恒常的な株式会社ではありませんでした。イギリス東インド会社の第一回航海の出資金は、オランダ東インド会社の約10分の1の資本金で開始されたにすぎません。

これらの事実を見ても、オランダ東インド会社が、長期的な株主形成の努力を行っていたために、その株主からの持続的なサポートを得て、安定的に会社運営がなされていったことがわかります。

この大資本をもとにして、オランダ東インド会社が急速に整備したのが自前の陸海軍でした。

軍備はスペイン征服下にあったポルトガルが無防備化されていた間隙を突いて、ポルトガルがアジアに擁する商業資本と商業圏域を奪取するためでした。特に対日貿易の奪取は必須で、これに成功しています。

このオランダ東インド会社の隆盛の秘訣は、当初の目論見通り、アジア最大の銀供給国、日本との通商成功にあったと言っても過言ではありません。


東インド会社の主力商品はインドネシア産香辛料です。

これを欧州で売り捌《さば》くことに大きな商機があったのですが、その香辛料をインドネシア人と交換入手するために必要だったのがインドの綿布（正確にはコロマンデルの更紗）で、その綿布取得の際にインドの商人に支払われていたのが日本銀でした。

当時の日本は西陣織、絹織物が大ブームで生糸を渇望しており、この生糸を福建省や台湾を基盤とする鄭芝竜《ていしりゅう》らの武力華僑が日本に販売していたところを、オランダ東インド会社が略奪するなり、買い付けするなりして、その生糸を日本に輸出、対価として銀を受け取るという形で対日貿易を独占していきました。

後には、鄭芝竜の子の鄭成功《ていせいこう》が1661年にオランダを台湾から駆逐することになりますが、それまではまさにオランダの独壇場になりました。

つまり、国際商品を繰り返し越境運搬する過程で、オランダは莫大な富が蓄積できるわけです。この「繰り返し」ということがポイントです。

自国で造船した自国籍船舶を自国の船乗りで運搬するため、運送費用が大いに節約できたことが、「繰り返し」富を蓄積することにつながっています。言わば、自らのプラットフォームを活用したことに、オランダの成功の秘訣がありました。

同時に、オランダは江戸幕府への政治的働きかけにおいて、不断の努力を行なっていました。その代表例に軍事協力が挙げられます。

例えば、大坂の冬の陣（1614年）では、家康に貸与したオランダ製の大砲が、淀川の中洲にある備前島から連日、大坂城天守閣砲撃に使用されました。

その際、城内構造物に対する現実的な破壊に加え、城内の勢力を精神的に追い詰めていく効果がありました。砲弾が天守閣の柱を撃破し、天守閣を傾かせ、淀君の居間を大破するに至り、城内の講和派勢力によって大坂冬の陣の和議妥結に持ち込むことができたのです。

実は、徳川軍は籠城側の真田幸村の活躍もあって大苦戦しており、これ以上籠城を続けられていた場合、寄せ手は兵糧が不足し、冬の備えにも窮する状況だったのです。講和がなければ、攻囲軍の敗退の可能性も大きかったため、徳川幕府のオランダに対する感謝の念は揺らぎのないものになります。

1637年の島原の乱においても、対キリシタン艦砲射撃にもオランダは協力を惜しみませんでした。

一揆軍が立て籠もっていた原城は、海を背景にした要害堅固な城であり、城内ではスペインやポルトガルなどカトリック教国軍が援軍に来るとして一揆軍を鼓舞していました。そこにオランダ軍が艦砲射撃したわけで、大きな精神的打撃を一揆軍に与えることに貢献しています。

こうして徳川幕府が、オランダを高く評価する地合いが構築され、加えて、キリスト教布教も行わず、通商のみを可能とするオランダの交易姿勢を見るに至って、ポルトガルやスペインを排除し、日本はオランダのみを通商相手とする鎖国制度を導入したのです。島原の乱勃発を契機として、長崎の出島にいたポルトガルが日本から追放されると、その後釜に座ったオランダは日蘭貿易を強力に推し進め、独占の度合いを強めていきました。

オランダは不断の涙ぐましい努力を経て獲得した日本銀を用いて、独占していたアジア商圏での貿易通貨として各種の商品を購入しています。敵対するスペイン支配下にある新大陸の銀ではなく、オランダ商圏では日本銀が主な貨幣として用いられていきました。

略奪や貿易により、オランダ東インド会社は17世紀の約100年間にわたって、平均20％以上の高配当を継続することができました。最盛期の1669年では、戦艦40隻、商船150隻、1万人の軍隊を擁する一大企業になっています。

武力もさることながら、涙ぐましい不断の努力が欠かせない、粘り強い交渉で世界に真摯に対峙したことが、17世紀のオランダの繁栄を実現させたと言えます。

スペインやポルトガルなどの軍事大国の嫌がらせにも負けず、国民が皆でお金を出し合って果敢に勇気を持って冒険し、貿易相手国を尊重する通商外交を不断に行うことで、オランダは世界の覇権を手に入れていきました。

アジアでもアメリカ大陸でも、日本銀で増強した世界最強の海運力を背景にして、オランダは商圏拡大に成功しています。最盛期の17世紀前半には、世界貿易の5割を支配するほどで、この時期にオランダに集積されていく富は莫大なものになっていました。

その富は自国で消費できない規模になったため、オランダは外債投資にのめりこんでいきます。特に投資先として、大航海時代に後れを取るまいと財政拡大で資金調達を強めていた、敵国であるイギリスの国債に投資を行ったことは、商人国家オランダの真骨頂でした。

比較的高めの金利で、かつ国債というリスクが小さい投資商品は、オランダ商人には非常に魅力的な投資商品だったからです。

やがて18世紀から19世紀にかけて、世界の覇権がオランダからイギリスに移行していくわけですが、その際、殲滅戦を伴わなかったことは、こうしたオランダ商人による敵国イギリスへの投資も大いに関係していました。［文献4・5］

日蘭通商のスタンス

前述のように、話し合いに次ぐ話し合い、妥協に次ぐ妥協を経る相手国との共同作業の果てに開いたのが江戸期の日蘭通商の特徴です。

オランダ人にとって非合理的な江戸時代の作法のオンパレードで、時間もかかるサムライとの通商は気が遠くなるものだったはずです。しかし、海軍に強くても陸軍に弱いオランダは、海軍が弱くても陸軍に強い日本に、粘り強い外交力で対峙するほかありません。

何よりもお互いがウィンウィンの関係だったので、できるだけ長期的、持続性のある友好的な関係を双方が求めており、戦争に訴求する必要もオランダにはありませんでした。

こうした粘り腰の交渉が、17世紀オランダの成功背景にありました。ギブアンドテイクという商業活動が持続性を生み出したのです。

オランダの成功要因

オランダの成功要因をまとめてみます。

❶まず重要なことが「アニマルスピリット」。誰もが忌諱する困難にもあえて挑戦して、リスク以上のリターンを上げることに邁進する精神力と胆力が欠かせない。神に仕えるがごとく商売に励めというプロテスタントの精神もこうしたチャレンジ精神に好影響。

❷さらに重要なことが、アニマルスピリットを持つ人たちを鼓舞し、サポートする人たちと、そうした人たちを集める仕組みの存在。アニマルスピリットがいくらあっても、先立つものがなければ、ゼロに千、万をかけてもゼロということと同義。オランダの場合では、東インド会社と株主（株式会社制度）がそれに当たる。

❸次に重要なことが「世界通貨の獲得」。国際商品の入手に欠かせないのが国際通貨。当時で言えば銀であり、日本銀獲得をオランダの至上の目的としたことは理にかなっていた。翻って現在、アメリカの経済制裁でドルの不如意に苦しむロシア、イラン、中国などが新しい世界通貨の獲得を目論んでいるのは歴史の繰り返しと見るべき現象。

❹粘り強い通商交渉力。武力行使ではなく、相手の立場を重んじながらの粘り腰の通商交渉力が必須。最終的にはウィンウィンで持続性の高い利益を生み出すカギとなった。

❺通商を可能にする技術力、商品力、さらにそれらを統合した自国のプラットフォームの活用。オランダは、材料と熟練工に恵まれていたおかげで他国対比半額以下の価格で造船できた。この自国船舶で貨物を運搬するため運送費が節約可能になり、安価な運搬費を反映した国際競争力の高い価格で商品提供が可能に。

❻最後に、周りの大国がオランダを攻撃しないこと。これは最重要要素。オランダの周りの国、例えば、英仏が内乱などで自国に引き籠もらざるを得なかった環境は、オランダの繁栄にとって必須だった。言わば、オランダは「無極化」という僥倖の中で繁栄を享受した。実際、英仏が国内紛争を解決して外に目を向け始めた途端にオランダの衰退が始まっている。

コロナショック後の日本への示唆

自国利益優先主義の行き詰まりから相互互恵の関係へ

17世紀のオランダが積み重ねた相互互恵の交易と現在の貿易

2020年現在、コロナショック以降、各国が自国のことで手一杯になっています。

もともと、アメリカは中国による、あからさまな輸出攻勢に国内の雇用を脅かされており、コロナショックを奇貨として国境を封鎖、移民の流入を禁止する一方、中国叩きを強化する対外強硬路線に舵を切っています。

21世紀の先を見据えた時、中国のように「テイクアンドテイク（二度勝つ）」によるグローバル化を推し進めるのではなく、17世紀のオランダが血のにじむような思いをして、粘り強い交渉能力を発揮し、地道に経済大国化していく、まさにその姿こそが、今後の私たちに求められると思います。

トヨタが生産性を多少犠牲にしても、アメリカ現地会社で雇用を生む地道な努力をしているなどはその好例ですが、そうした姿が、より合理的になる世界の到来です。

安くて品質が高ければそれでよい、というわけではなく、相手国の雇用にプラスの影響を与えることが求められる世界の到来です。

通商相手国の事情も慮りながら、一国と腰を据えて長い時間をかけて交渉に交渉を重ねてウィンウィンの関係を築いていく、その上で通商相手国を限定せず、できる限り多く持つしかない時代が到来することは確実です。

17世紀から19世紀にかけて、軍事小国・経済大国のオランダが歩んだ道のりには、同じく現代の軍事小国・経済大国の日本が学ぶべき点が数多くあります。

相手を敬い、痛みを慮り、相手が欲しいと思うものを与え、相手の製品・サービスもできる限り購入する。そうした交易を地道に行っていく過程で、覇権通貨を蓄積していくしかないと見ています。（この場合、覇権通貨を指すのが、今のようにドルなのか、違

う通貨になるのかは依然として不透明性が高いですが、筆者はユーロも可能性があると見ています）

中国が自国製品輸出と自国の利益のみを考え、結果的にアメリカからつまはじきに遭おうとしているのは悪例です。

今や自国のみの高度成長を追い求め、寡占を追求することは時流に反します。バイオ医療薬品など、世界が必要とする独創性あるモノやサービスを提供しつつ、提供相手国の雇用に悪影響を与えないよう砕心するか、トヨタのように現地化するか、マイクロファイナンスなど、貿易相手国に雇用や付加価値を創出できるような事業が、今後、真の意味でのグローバル化と言える事業として市民権を得ることになるでしょう。

私たちの社会が、マネー至上主義という資本主義を採用している以上、

資本集積➡利潤追求➡資本投入➡資本過大・利益機会過小➡資本毀損

という光景は古今東西、変わることはありません。ただ、利潤の効率化・最大化を求めて高速で動く資本が国家間の壁にぶつかって摩擦を受けることが多発するのです。

「民主主義＋グローバル化」（↓165ページ）の世界では、利潤の最大化を追求すべきではなくなってきます。貿易相手の国々で民意とぶつかり、法的制裁を受けてちゃぶ台返しに遭う可能性を高めているのです。

例えば、地元のタクシー業界と対立する可能性があるウーバーや、地元の消費需要を奪うアマゾンドットコムなど世界的な規模で効率性を追求するビジネスモデルは、職を奪われることを恐れる民意を反映した各国の政治と対立し、強制的に市場から退場を迫られるケースも出てくる可能性があります。

エアビーアンドビーなどの民泊ビジネスを利用して、外国人観光客に高い値段で部屋を貸し出すため、住人の追い出しを狙う大家と住人との間で確執を呼んだ結果、逆に民泊規制が強まったバルセロナ市などはその一例です。

こうした国際化と現地での軋轢《あつれき》が生まれる際は、現地多数派の意見が優先される裁定が下る可能性が今後高まっていくことになるでしょう。

付け加えれば、ウーバーもエアビーアンドビーも、既存ビジネスからビジネスチャンスを奪っただけに過ぎず、なんら新しい技術革新を生み出したわけではありません。「三方よし」にならないのはこうした要因もあると見ています。

激動の世の中、頭に入れておくべきは、「ポスト冷戦時代に存在していた自由貿易で統一された世界はもはや過去のものだ」ということです。

ゲームのルールが変わってしまったのです。

コロナショック後の世界での社会変革は、各国の保護主義がトレンドになるはずです。今までIT革命がもたらした過度の国際分業体制や高度国際資本移動が生産性を高めて、生活水準を押し上げてきた側面もあるわけですが、今後は、その歩みを緩めること（後退はしないものの）が想定されます。

これは一人当たりの所得水準が上がりにくくなることを意味しています。

一見すると国際分業体制に齟齬が起き、従来にも増して生産性に劣る世界が到来することになりますが、それは仕方がないことです。

しかし、長期的な視野で見た時、人類はこれまで、大きな社会変革のたびに一人当たりの所得水準を上げてきました。

農業革命然り、産業革命然り。今後もまたロボット化やAI化によって、今までとは違う方法を編み出し、生産性を回復する過程があることを歴史は示唆しています。

軍事大国でもないわが国は「三方よし」の近江商人の精神で、世界との通商に臨むことが、今後の動乱する世界において繁栄を勝ち取る最短の道だと筆者は考えます。

核兵器が拡散し、大国といえども小国に大きな力を発揮し得ない現状では、お互いの国を尊重し、話し合いで解決していくことでしか、グローバル化の波を乗り切る方法が見つからないのです。

国際協調や相互互恵、法治主義の原則を無視した中国が「国家資本主義」の傾向を強めていく中で、彼らとも付き合わざるを得ないわけですが、気長に通商交渉を進めていく、これ以外に方法はありません。

いろいろな価値観が多様に存在し続けるというのが今後の世界です。

相手が欲しいものを穏健な態度で供給することができるなら、例えば、中国が必要とするバイオ医療品や製造技術など、オンリーワンの育成と寡占的供給にわが国が努めるのであれば、たとえ彼らが国家資本主義の国体であっても、自らの利を考えた時、我を押し通し続けることもできないのです。

相手に私たちを攻めさせないことを基本軸とし、相手には武力攻勢ではなく、穏当な通商に徹することが今後の持続的繁栄のカギになるでしょう。

中国のような国家資本主義国に相対するに当たっては、ＥＵや日本、その他の西側諸国は今後、17世紀のオランダのように、片手では相手と握手（＝相手の社会事情を慮りながら気長に通商に努める）という友好の態度と、もう一方の手では、こん棒ではなく盾を握りしめる（核武装などの高度国防国家の育成）ことが必須になるでしょう。

国内格差に対しても「三方よし」の解決が危機を防ぐ

内政も同様です。独り勝ちの仕組みを持つような企業が大きな逆風を感じる時代になるはずです。「自分さえよければ」という時代は終わりました。相手の痛みをシェアしながら共生していくことが肝要になります。

ベーシックインカムの導入など、すべての人々が尊厳ある生活を送ることができるような制度を導入し、誰もが必ずしも独創性のある事業を構築できなくとも生きていくことができる社会を創出することこそが、21世紀のキーになるでしょう。

例えば、コロナショックで大きな被害を受けたスペインでは、世界に先駆けて、経済の立て直しのソリューションとして、可能な限り迅速に「ユニバーサル・ベーシック・インカム（最低所得保障制度）」制度を導入することを決定しています。これは毎月一定額を、規定を満たす全国民を対象に国家が給付する仕組みです。

2020年4月5日、スペインの経済大臣ナディア・カルビニョが発表した新たなスキームは、終了期限を設けず導入されることになるとし、感染拡大の脅威が去った後もユニバーサル・ベーシック・インカム制度は継続するとしています。

こうした努力は一見、回り道ながらも、将来の反動的な保護主義の蔓延を予防し、国民の総活力を引き出すことにつながるため、長い目で見た時、非効率な経済が現出せず、効率的な社会を創ることになります。

歴史という尺度でこの事態を見た時、17世紀のオランダが示唆する教訓は、極度のグローバル化が行き詰まりを見せる現在、私たちが採り得る方策として、外政においては覇権通貨へのアクセスと獲得を最重視しつつも、独り勝ちをせず、相手を敬いながら事に臨むという姿勢になります。

多くの外国との粘り強い対話を諦めない。内政においては、所得格差を縮小させ、機会の均等を全国民にもたらすこと。持続的な繁栄を実現していくには、売り手と買い手が満足するのは当然で、社会にも貢献できてこそよい商売だという「三方よし」。これに尽きます。

では、三方よしの通商を可能にするには、何を目的とすればよいのでしょうか。

これからどんどん伸びていく商品需要を可能にするのは「プロダクト・イノベーション」しかないと思います。

これは、「GDPとは何か」を考えた時、明瞭に理解できるでしょう。GDPは国富をストックとするなら、フローとして「毎年どれだけの経済価値を生み出しているのか」を示す値（＝国内総生産）です。

毎年、私たちが生み出すモノやサービスの価値を「価格」で評価したものの総計がGDPですが、実はこの「価格」は、絵画の価格のように、人の主観的な評価で決定されるものです。

では、何が決定的に人の主観に影響を与えるかといえば、イノベーションによってもたらされる新しい財やサービスによって生み出される「感情」です。

すなわち、より多くの人が「欲しい！」と思う気持ちこそが、最も重要な役割を果たすのです。その理由としては

❶既存の商品やサービスに対する需要は必ず飽和する性質がある。つまり、すべての商品はいつか人々から飽きられるため、必ず成長性は鈍化する運命にある。生

糸のソックスや馬車、ガラケーなどはそのよい例。作れば作るほどGDPが上がるわけではない。人に飽きられずに生産原価より高い価格で売れ続けることが重要。したがって、需要の総和であるGDPは、時の経過により、あらゆる生産物の成長率が上昇した後、天井を打つため、指数関数的に右肩上がり一方とはならずS字カーブを描くことになる。この「需要の飽和」こそが大不況の原因。

❷作っても売れない、だから企業は作らない。その結果、雇用も生まれず、失業が発生する「有効需要の原理」により、成熟経済である先進国では常に成長力に下押し圧力がかかる。

❸このようなGDPの特性に対して、時代の要請に応える新しいプロダクトさえあれば自ずとGDPは拡大する。

「これが欲しい!」と多くの人々に思わせるものと、供給力の余地がふんだんにある商品を見つけ出すことができさえすれば、GDPは投入エネルギーに関係なく、爆発的に拡大する。

こうした三つを踏まえて現下の状況を考えた時、コロナショック下の国際金融市場にあって、活況を呈している数少ない産業セクターが、バイオ医療分野の株価であることは納得できます。多くの米バイオ企業の株価が史上最高値を更新しているのは、従来、あまり需要がなかった衛生分野に、コロナ禍を経験した私たちが、大きな需要を見出したためです。

イノベーションを起こす要素は、金融緩和でもなければ大規模投資でもありません。コロナ禍を防ぐワクチンにしても、大規模投資をしたからといってすぐに完成するわけではありません。革新の群生を生み出すカギは、研究教育体制であり、雇用システムといった社会風土の根本からの改革です。

17世紀の商人国家オランダのように、リスクを取って新しい事業を興す人々の足を引っ張るのではなく積極的に支援する。そこから生まれた経済利得や、世界中の人々との交流を通じて得られた新しい思考、価値観をシェアすることが、次のイノベーション実現への近道となるでしょう。

軍事小国・経済大国たらんとする日本にとって、コロナショック後の新冷戦構造下でうまく立ち回ることができる処世術はこれしかないと思います。

▼今後予想されるシナリオ・ストーリー

□トランプ大統領の「アメリカ・ファースト」と中国の「中華民族の再興」は新たな国家エゴの対立軸として認識されつつあるが、アメリカ陣営と中国陣営の「三方よし」はどのような形が考えられるか⬇

お互い境界線を引いて縄張りを形成する過程が始まるはず。日本は米中の間に立ってミツバチのように立ち回ることができれば僥倖。この役回りは韓国も狙う。

□持たざる国はエネルギーだけではなく、力＝「核」も言えるが、自国防衛力と外交力が独自に求められる時代の中、日本はＴＰＰやＥＰＡなど「価値感を共有する経済、軍事協力体」という方法が最適解か。この場合、何が課題になるか⬇

日本は共闘する盟邦にとって軍事力が役不足。経済力や技術情報や軍事情報の提供力など、軍事とは別の特技を培う必要がある。オランダ人のアニマルスピリットを見習い、アフリカ商圏など新興国ビジネスの新規開拓や新技術開発への果敢な挑戦と開発投資に傾斜する必要。この過程で皆が欲しがる情報が入手可能になる。

□日本のような持たざる国が連合するには、比較優位の製品力を持つことが最適解になるが、この場合、やはり単独ではなく知財の保護という観点で連携を図るしかないか。この場合、何が課題になるか➡

個々の商品開発も重要だが、独自プラットフォームの形成を念頭に置いての開発がなお重要。ルールを自ら作ることが可能になり、取引相手が離れたくても離れがたい環境をビジネスの基盤に埋め込んでおくことがカギになる。

皆が集まり使用するプラットフォームには覇権通貨が集積する仕組みが欠かせない。そのためにもまず覇権通貨は何で、誰が持っているのか、その人物や国と組むことを念頭においての商圏やプラットフォームの形成ができればしめたもの。

17世紀のオランダの場合は徳川幕府が持つ銀山に目をつけ、極東に日本銀を基軸とした商圏や海運プラットフォームを作ったことがオランダの世紀を実現させた。

第7章

コロナショック後の日本を取り巻く国際情勢

疫病の後、厄災はいつも北から

ロシアを警戒する理由

本章では「コロナショック後の国際情勢と日本」を詳述してみたいと思います。

私たちが直面している中国・武漢発の「ＣＯＶＩＤ－19パンデミック」は、経済史にも名を遺すに違いない未曾有の危機です。

しかし、より注意すべき事象は、経済的混乱の間隙を突くかのように日本を取り巻く地政学リスクが上昇していることです。しかも、その動きが一過性のものではないことが懸念されます。

未曾有の経済危機を目前に、各自が生活のことを考えるのに精一杯で、今後の日本の針路については思考停止に陥りがちです。しかし、パンデミックといった大きな環境変化の後にこそ、世界史を塗り替えていった「激変の芽生え」がありました。

とりわけわが国においては、伝染病の感染爆発や自然災害が引き金となって、社会が大きく動いた幕末日本を参考にしながら、現在、および将来の国内外情勢を考察することで、有益な示唆を抽出したいと思います。

第4章で述べた超限戦を仕掛けてくる中国は、米海軍の艦内感染を機に、南沙、西沙地域に行政区を設定したに留まらず、尖閣諸島、太平洋への進出もうかがっていることが辛うじて国内でも問題視されつつあるわけですが、本章の結論から言うなら、中国だけでなく、ロシアに注意を向ける必要があることが見えてきます。

歴史的にも日本の安寧は常に北方から打ち破られてきた経緯があるからです。

2020年5月9日、ロシアのプーチン大統領は、ナチス・ドイツに対する戦勝記念日に合わせて演説し、国民に団結するよう呼びかけました。

演説の当日までに、ロシアでは既に感染者が19万8000人を上回り、亡くなった人は1800人を超え、感染拡大に歯止めがかからない状態になっています。さらに、1か月以上続く休業措置や外貨収入の柱の一つである原油の価格急落で、経済も大き

ウラジミール・プーチン

く悪化する苦境に陥っているためです。

こうした事態を受け、プーチン大統領は、ロシアで愛国心が高まる戦勝記念日に「共通の記憶と希望、そして将来に対する責任がわれわれを結び付けている。ロシアが一つにまとまれば決して負けない」と訴えました。苦境を打破する際には対外軍事行動を起こす傾向があり、注意が必要です。

ロシアという国は元来、近現代の日本史のターニングポイントに甚大な影響を与え続けてきた国です。強大な軍事力を背景に、近現代の極東史を動かしてきた国こそがアメリカでありロシアだったのです。そして、虎視眈々と、日本を含む隣国が弱るスキを見ては、上手に突いてくる習性を歴史的に見せる国なのです。

明治維新の遠因、露寇《ろこう》事件

「蝦夷の浦に　うち出でて見れば　うろたへの　武士のたわけの　わけもしれつつ」

160年以上前の江戸市中での落首（落書き）です。当時、「赤人」と言われていた

ロシアが、日本の北方領土に攻め込んできた時、江戸で詠まれました。［文献1］

赤人だけあって、山部赤人の百人一首の歌とかけて、その替え歌になっているのがミソです。幕威のメッキが剥げ落ちつつあるのを、市中の人も既に感じ取っていたのでしょう。

第0次日露戦争とも言われる、「露寇事件」が起きたのは、黒船来航から遡ること50年ほど前の1806（文化三）年、11代将軍徳川家斉《いえなり》の時代です。

ナポレオン戦争を通じて、兵器や戦術に軍事的革命と経験を格段に上げたロシアが、突如日本の北方領土を攻撃、元寇以来の外寇となりました。ロシアは、南樺太と択捉島に駐留する松前藩や南部藩を追い払い、日本の北方領土を軍事占領したのです。

実はこの事件こそ、太平の世を打ち砕き、明治維新の端緒となった事件であると筆者は見ています。

「安全を保証してくれている」と思うからこそ、幕威に屈し、さまざまな理不尽を受け入れてきたのが幕末日本の民衆でした。

しかし、征夷大将軍に率いられている幕軍が、文字どおり夷狄《いてき》相手の戦争で負けるとなると、江戸幕府は存在意義を喪失します。

これに対して幕府が取ったのは情報隠蔽策です。自らの存在意義を守るため、西欧列強に対して軍事的に非力な幕府は、ロシアやアメリカを含む西欧列強の存在を民衆の目から逸らす必要があると考えたのです。

長崎の出島のように、限定的な地域に海外勢力を閉じ込め、情報封鎖によって張子の虎となっていた幕府の権威を保とうとしたのです。

露寇事件以降、民衆の危機感は膨張し、ついには現実の恐怖へと転化していきます。積み重なる民衆の恐怖が、維新という討幕運動へと昇華していくのに時間はかかりませんでした。

シャバリンの来航

ロシアの極東史を紐解けば、「タタールの軛《くびき》」という言葉があるように、300年近く元《げん》帝国の末裔タタール人の治政で、国家としての発展を阻害されてきました。

ナポレオン戦争を経て、軍の近代化を成し遂げたロシアは、18世紀にキプチャク汗国を滅ぼし、ウラル山脈の東に眼を付け始めます。

欧州には強国がひしめく一方で東は空白地域となっていたためであり、当時、ヨーロッパで黒貂《てん》の毛皮が高価に取引されていて、シベリアはその宝庫だったからです。やがてシベリアで黒貂が採り尽されると、極東まで進出、海に出て先住民を使役してラッコを獲り始めました。

しかしシベリヤやカムチャッカでは極寒で、肉以外の野菜・穀物などの食料が獲れないため、ビタミン不足から壊血病に苦しむロシア軍官民は、イルクーツクに日本の漂流民を使って日本語学校を開き、野菜や穀物の確保に向け、日本との通商を求める準備をしていました。

18世紀末に「露米会社（極東と北米の植民地経営と毛皮交易を行うロシア帝国の国策会社）」が設立され、毛皮の捕獲先はアラスカに移りましたが、アラスカやカムチャッカなどの植民地を維持するために食料入手先として蝦夷地がクローズアップされてきました。

当時の日本では毛皮の需要はなく、国内だけで充分経済活動が行われていたため、ロシアとは通商の必要がありませんでした。

しかし、ロシアとしては死活問題で、なんとしても日本との通商を開始する必要があったことから、以降も諦めることなく幕府に対話の糸口を求めていきます。

1778（安永七）年ロシアの正式な使節ではありませんが、ナタリア号でヤクーツクの商人ディミトリー・ヤコウレヴィッチ・シャバリン一行が根室に上陸しました。松前藩役人が応接した結果、一行は交易を求めての来航とわかり、主君に報告した上で、翌年回答する旨として追い返しています。

その後、ロシアの日本に対する執心を不気味に思う幕府が、対ロ防衛策を急務として考えるようになり、近藤重蔵《こんどうじゅうぞう》や最上徳内《もがみとくない》による蝦夷地調査の結果、段階的に松前藩から領地を召し上げ、東北六藩の出兵により警備と開拓を命じています。

また、領土の保全を図るため、１７９９（寛政十一）年「蝦夷地取締御用掛」を任命し、本格的に直轄地としての東蝦夷地経営を始めました。

１８０２（享和二）年には蝦夷奉行を函館に置き、以降、東蝦夷地警備は津軽藩と南部藩が担当することになりました。

レザノフ来訪と露寇事件の勃発

幕府が着々と北方の守りを固める中、１８０４（文化元）年10月、ロシア皇帝の庇護を受けた毛皮商人で露米会社代表者のニコライ・レザノフが来日しています。

自社の植民地での食料、生活用具補給の必要から、皇帝の親書を携え、ロシア初め

ニコライ・ペトロヴィッチ・レザノフ
１７６４～１８０７年ロシア帝国外交官。極東・アメリカ大陸への進出に関わり、ロシアによるアラスカおよびカリフォルニアの植民地化を推進。露米会社（ロシア領アメリカ毛皮会社）を設立。

ての世界周航を兼ねて大西洋を横断し、ホーン岬を越える長期航海の後、長崎に到着します。

レザノフが長崎に到着して6か月後、1805年（文化二）4月に交渉が開始されましたが、2回の交渉の後、幕府は彼らを拒絶、ロシアの国書も受け取ることなく追い返しています。

腹に据えかねたレザノフは帰国後、日本に交渉を受け入れさせるため、樺太と国後、択捉島を攻撃することを皇帝に上奏しました。

そして、1806（文化三）年、幕府の懸念どおり、わが国との交渉に腹を立てたレザノフが日本侵攻を実行に移してきます。その詳細は以下のようなものでした。

文化三年（1806年）九月、レザノフの指令を受けたロシア軍艦ユノナ号が突如、樺太南部の松前藩の施設を襲撃しました。指揮を執っていたのはフヴォストフ大尉で、ロシア海軍の士官であり、レザノフの露米会社の社員でもありました。

上陸したロシア人は、この地を警固していた松前藩の施設をことごとく焼き払うという暴挙に出ます。この事件は鎌倉時代の蒙古襲来、すなわち「元寇」以来の対外危機ということから、「露寇」事件（文化露寇）と呼ばれています。

さらに翌文化四年（1807年）ロシア軍艦二隻が択捉島に出現し、幕府の警備使節を襲撃します。ここでも水や食料を奪って建物に火を放つなどの狼藉の限りを尽くしましたが、択捉島の警備にあたっていた南部藩の砲術師・大村治五平がこのときの様子を『私残記』という日記に詳細に描き残しています。

「赤人どもはただちに上陸した。大砲と鉄砲を、すきもなくうちかけてきた」（森荘已池現代語訳）こうした状況に、日本側の守備兵はなす術もありませんでした。

「このとき、壮丁漁夫の者どもは、鉄砲をかついで、みな山中に逃げ込んだ。壮丁漁夫どもだけでなく、たいていの者は、このとき姿を消してしまったのである。赤人どもは、家や小屋に火を放ち、又舟に乗って、舟から陸へ鉄砲をうった」（同前）警備兵たちはまともに応戦するどころか、ほとんどが退散してしまったというのです。

［文献1］

筆者はロシアという国に拠点を移して7年目になりますが、彼らが心を砕くのが、現在でも野菜であることは新鮮な発見でした。執拗にカフカス地方やトルコへの影響力を維持しようという魂胆の背景には、極寒の内陸に暮らす人民のビタミン不足を補う野菜の確保があります。野菜の確保にとどまらず、今後ロシアの拡大を行い得るチャンスがあれば、武力を背景として間断なく攻勢をかけてくるのがロシアであるという認識を保有しておくことは肝要です。そもそも、「攻めないと攻められる」という被害者意識を強く持っているのがロシアでもあります。

プーチン大統領が「ロシアに同盟国は二つしかいない。それは陸軍と海軍だ」というアレクサンドル3世の言葉を座右の銘としていることは有名です。

プーチンの前任であるエリツィン大統領時代、対欧米宥和平和外交を推進し、かえって欧米につけこまれ、ウクライナを失ったトラウマを持つのがプーチンです。

武力を背景にした対西側外交を貫くことで、この20年間、彼の治世において、ロシアが国際的な威厳を高めてきたことも成功体験として強く持っています。

日本が求める平和的な北方領土の返還など短見浅思、むしろ懱殺すべきものに過ぎません。

虎視眈々、クリミア半島奪取を始め、力による現状変更を行ってきたロシアに対して日本は油断を怠るべきではありません。

コロナショック後に想定されるロシア南進の三方向

ロシアが拡大する方向は、大まかに言えば三つ。それは、❶トルコ ❷ウクライナ・EU ❸極東 の三方面です。

❶トルコ

まず、コロナショック後にロシア由来の動乱が起きやすいエリアとして、筆者が注目しているのがトルコ方面です。

結論から言えば、トルコ方面はロシアサイドに付く形で決着し、ロシアの余力とその矛先が、残りのエリアに向かう可能性が高くなると判断しています。

脆弱なトルコ経済

世界がコロナショックに揺らぐ2020年、トルコは大国ながら防疫の「都市封鎖」が遅れた国として非常に目立っています。ようやく4月4日から20歳以上の人の外出禁止令を実施しましたが、時すでに遅し。感染爆発によって3月下旬から4月にかけての1週間で、感染者数は3倍以上の2万人を超えて急拡大しました。この結果、4月12日の時点で感染者数は約5万7000人、死者も1200人近くに上っています。

トルコで感染爆発が起きた大きな要因は、当局が厳格な防疫対策を意図的に遅延させたためですが、それは経済的な理由によるものでした。

なぜなら、トルコ政府は2019年の景気後退で、トルコ中銀の非常用資金である420億リラ（約6000億円）を使い切っていたからです。

元来トルコは、ロシアや他の中東産油国とは違って資源に乏しく、政府財源を国民からの税金に依存せざるを得ないため、ポピュリズムに陥りやすい政治風土があります。

現行のエルドアン大統領政権は任期を維持するため、中央銀行に政策金利の引き下げを強要する経済政策を堅持していました。しかし、その副作用でトルコリラの価値

レジェップ・タイイップ・エルドアン

は下がり、輸入物価が上がってしまうという本末転倒な現象が起きています。

そこで「ドル高リラ安」を防ぐため、外国為替市場で手持ちのドルを売ってトルコリラを購入する為替市場介入を実行した結果、外貨準備高が苦しくなる状況が現出していたのが、コロナショック直前のトルコだったのです。

トルコ政府統計によれば、２０２０年3月末段階でトルコの外貨準備は約８９６億ドルとなって、4月以降の今後1年間で到来する借款返済の規模が約１７２０億ドルとなることを踏まえれば、２０２０年度は、トルコにとって過酷な外貨調達の問題が待ち構えていることが容易に想定されていたのです。コロナショックによる悪影響を踏まえれば、トルコのソブリンリスク＊の格下げや、それに伴うリラ安となる確率は、相当高くなると考えられています。

コロナショックの恐ろしさは、これでとどまらないことです。感染の再拡大を恐れ、コロナ対策が可能な国と、そうでない国との間での国境封鎖が長期間継続する可能性が濃厚だからです。これは、世界経済の牽引役となってきた新興国が依存してきた先進国からの資本や技術、人のサポートから断絶され、先進国も新興国由来の資源や安価な労働力へのアクセスが困難になることを意味しています。

＊ソブリンリスク　国が行う投資や融資などに関して用いられる信用リスク。ソブリンリスクが高まると金融市場で国際的な信用が下がり、国債や政府機関債などのランクの格下げや債務不履行に陥るリスクが高まる。

外資不足とインフレに見舞われるトルコ財政

感染爆発の抑制に失敗したトルコも例外ではありません。トルコの通貨価値は大きく毀損し、債券金利も急騰しています。新規事業を行うにしても、資金調達がままならなくなっている厳しい現実に直面しています。

トルコ中銀は、政府の意向を受け、利下げを断続的に行ってきましたが、かえって、外国資本の流出が激しく、10年債券で5％台だった金利が4月上旬には8％台にまで急上昇しています。一時は9・5％を超えて推移するほどでした。

加えて、トルコの通貨であるトルコリラは下落の一途です。対ドルでも対円でも、コロナショックが起きる2月下旬と比べ、4月上旬には既に10％以上の下落を記録しています。

外資を断たれて官民の事業が停滞、貧困が拡大する中、物価が上がり始めると、幕末維新のように民衆の反政府運動が激化する可能性は否定できません。数年前に軍事クーデター未遂を経て、辛くも命拾いしているトルコのエルドアン大統領は、当然、民衆からの怒りの増大に戦々恐々としているはずです。

アメリカ・EUとの関係と安全保障の綻び

トルコには国防上の問題も起きつつあります。防疫の観点から国境が封鎖され、欧州との間で人の移動も余儀なくされれば、当然ながら、北大西洋条約機構（NATO）加盟しているトルコは、欧州からの軍の移動を含めた防衛的援助の停滞に直面することになります。NATOに立脚する形での国防のありようが問われる状態が生じています。このように混乱しているトルコに、ロシアが目を付けないはずがありません。

非常に複雑化している中東情勢下にあって、元来、最も安定性を誇ってきたのが、長年アメリカの盟友であったトルコでした。中東の中では欧米に最も近い価値観を共有しているトルコは人口は約8200万人を擁し、エジプトやイランと並んで大人口と大きな購買力を持つ「中東の盟主」とも言える国です。

ところが、2016年8月24日のトルコ軍のシリア領内侵攻作戦以来、アメリカとの協力関係がぐらつき始めました。なぜなら、この3年半にわたってトルコは財政難をものともせず、あえてシリア侵攻作戦を行ってきたためです。

表向きの理由は、過激派組織であるイスラム国（IS）の討滅ですが、実際には、シリア内で独立を画策している、クルド人勢力（クルド民主統一党〔ＰＹＤ〕）の撲滅を画策した侵攻作戦であると言われています。クルド人勢力をコアとする、トルコ内の「クルディスタン労働者党（ＰＫＫ）」は、エルドアン大統領にとって政敵中の政敵であるばかりでなく、トルコ領内に１０００万人を超えるクルド人を率いてトルコからの分離・独立を目指す組織で、これらは互いに結託していると言われている党派です。当然ながら、トルコ当局から忌諱されている存在となっています。

「ＩＳ撲滅」を大義名分として、一気にシリア方面のクルド人勢力を弱体化させようというトルコ当局の目論見に加え、経済的な行き詰まりを戦争によってガス抜きをする必要があるのが、エルドアン政権なのです。

問題は、クルド人勢力がアメリカ軍の支援を受けてＩＳ掃討に尽力していたことでした。つまり、クルド人勢力との戦闘行為は、アメリカ軍の意向に逆らうことになるのです。

さらに、クルド人勢力への圧迫は、トルコの長年の悲願であるＥＵへの加盟に向けてマイナスとなるアクションでした。トルコは人権抑圧国家としてＥＵから抗議を受け、ＥＵ加盟に向けて大きな障害になっています。

綻《ほころ》びを突くロシアの外交

ここにロシアがトルコに自国陣営への参加を働きかける余地が生まれます。

歴史的には露土戦争の例に見られるように、お互い全く信用していない両国です。しかし一方で、ロシアとトルコは過去何度も是々非々で結託と離反を繰り返す仲でもあります。特に、2016年7月に発生したアメリカ寄りのトルコ空軍が主導したとされる暗殺未遂事件以降、エルドアン大統領はロシアに急接近するようになりました。

トルコが位置するアナトリア半島は、ヨーロッパとアジアの境目であり、トルコが両岸を領土とするボスポラス海峡とダーダネルス海峡は、黒海と地中海を結ぶ地政学上最も重要な「チョークポイント（軍事・交通・産業の上での要衝）」と言われる要衝の一つで、対岸のギリシャとともに、欧州にとって、対ロシアの防波堤としての役割を果たしてきました。

第二次世界大戦中、ドイツが不可侵条約を破ってロシアに攻め込んだ理由の一つにトルコを巡る両国の確執があると言われています。

スターリンの使者であるモロトフ外相が、ベルリンのヒトラーを訪問した際、トルコをソ連の勢力圏下に置くことを了承するよう強く求め、ヒトラーが激怒したことが独ソ戦のきっかけとなったと言われているのもうなずける話です。

トルコがロシア側に立つ時、欧州サイドは地政学上の優位点を失うことを意味します。逆に、地中海に出る際、必ずトルコの両海域を通過しなければならないロシアとしては、何としてもトルコを掌中に入れておきたいのです。

結局、ロシアとトルコはエルドアン大統領暗殺未遂事件以降、急接近していくことになりました。

象徴的な事象として、トルコはアメリカの猛反対を押し切り、ロシア最新鋭の地対空ミ

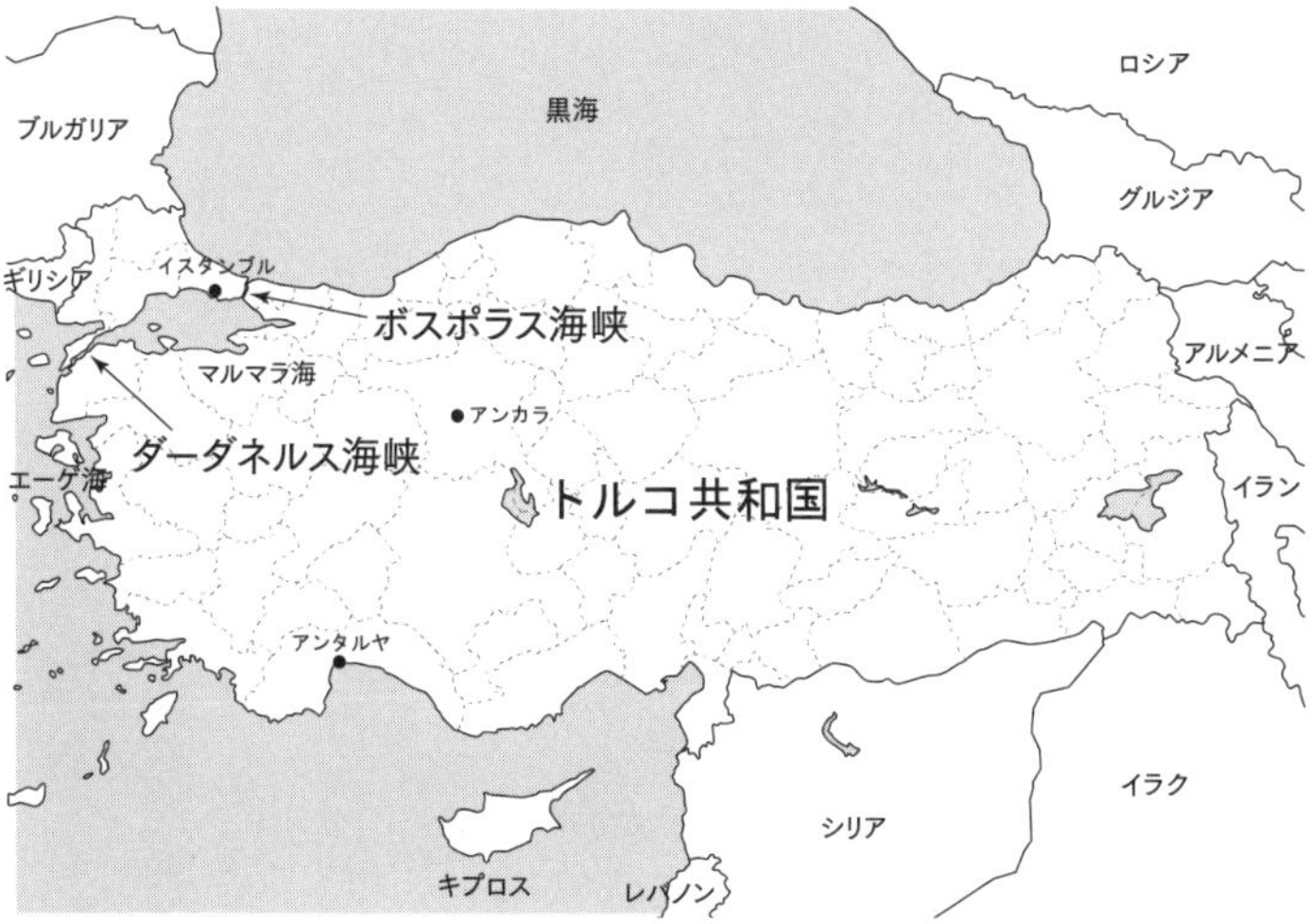

■現在のトルコ

サイル（S－400）を配備したことが挙げられます。迎撃精度が高いS－400が配備されている地域は、米空軍でも容易に近づくことができません。トルコのカラーがアメリカ色からロシア色に向け、まだらに変容することになりました。

露土寧月と脱・米ドル経済圏構想

筆者がより懸念を持って見ている事象は、トルコがロシアとともに推し進める「脱ドル化」の動きです。

2018年11月18日、トルコの観光都市アンタルヤで開催されたD8（イスラム途上国8か国）外相委員会において、「脱米ドル化」に向けた協議を進めることが発表されました。会議の開幕時、トルコの外務大臣は「トルコ政府はロシア・中国・イランとの貿易に、それぞれの各国通貨を使用するだろう。われわれは貿易戦争の真っ只中にいる。最良の対処法は相互の貿易に地域通貨を利用することだ。現在、中国・ロシア・イラン・ウクライナ等の貿易に地域通貨の利用を始める準備をしているだけでなく、他の複数の国々とも交渉をしている」と述べました。さらに同外相は、「イスラム圏開発途上国（バングラデシュ・トルコ・パキスタン・インドネシア・イラン・マレーシア・

エジプト・ナイジェリア）経済協力機構の外相会議でもこの件について討議をする予定である。Ｄ８の８か国で実現させることは可能で、決済金融機関の創設を提案する」と述べ、エルドアン大統領の「徐々に米ドルの独占状態を終わらせて、それぞれの国の通貨で取引に使うようにしたい」との持論をなぞる発言を行いました。

つまり、覇権通貨米ドルとしての立ち位置を揺るがす内容の声明を行っているのと同義であり、同時期、同様の内容が、ロシア政府からも公に示されたことは大きな衝撃を関係者に与えました。

金・ユーロで外貨準備を進めるロシアの脱ドル化戦略

ロシア政府はこれまで、ハードカレンシー（戦略物資購入の購買が可能な通貨）であるドル獲得に汲々としてきました。ロシアの場合、主な外貨獲得手段は原油売却です。ロシアでは原油売却において、１バレル当たり40ドルを超える部分の収益を、強制積み立てに回すことになっています。

その結果、２０１９年末段階で１２５０億ドル（約13兆円）規模にまでソブリン・

ウエルス・ファンド（政府出資による投資ファンド）は拡大しています。

ただし、ロシア財務省によれば、今後は「脱ドル化政策」の推進のため、同ファンドで保有する450億ドル相当（約5兆円）の割合を大きく落とすことが決定されています。「このドラスティックなシフトは、もちろん地政学リスクの高まりが大きな要因である」と言い切っていたのが印象的です。

2019年5月の段階で、ロシア中央銀行は保有する米債の額を960億ドル（約10兆円）から80億ドル（0・9兆円程度）まで減額しました。保有率に直すと全体の5429億ドル（60兆円）に対して22％までに落としており、その代わりにユーロを22％から32％へ、人民元保有率を5％から15％まで引き上げています。

ロシア中銀は2018年から2019年にかけてドル保有額を半減させた一方で、金やユーロの保有を大幅に増やしています。金は既に外貨準備高の2割を占めるまで増額しており、外貨準備の量についてもロシアは世界第4位にまで高めてきました。

IMFが外貨を稼ぐ力や短期債務の多さなどから推計する「適正な外貨準備」と実際の外貨準備を比べてみるとさらに鮮明で、2019年現在の推計ではロシアは他国対比ダントツの3倍を超える317％となっています。IMFが100～150％

を安全だと見ている係数がこの数値です。

米ドルは世界の貿易で使用される通貨として全体の6割を占めており、原油などエネルギー取引に至っては9割を占めています。商品取引の分野では、依然として米ドルが事実上の世界通貨として君臨しているわけです。

ところが、こうした実物経済取引の分野でも、2019年からドル依存から分散に向けての変化がロシアで見られます。

ロシア中銀のデータによると、ロシアの輸入におけるドルのシェアは約1/3と変化が見られないものの、ロシアの輸出におけるユーロ決済の割合は4四半期連続で増加し、その分ドルが減少。EUおよび中国との取引においては、ユーロ建てがドル建てをほぼ追い抜いたほか、インドとの貿易ではルーブル建てが急増しています。

ソブリン・ウェルス・ファンドの積立原資についても、既に資源の売却代金をドルではなくユーロや人民元で受け取るようにしているようで、トルコ向けの売却では、ロシアルーブルやトルコリラでの受け取り拡大を予定していると報道されていました。

ロシアだけでなく、貿易相手国側にも決済通貨を変える強いインセンティブがあり、EUなどは現在、米国からの貿易圧力に直面しているため、ドル依存度を減らすことを模索してきた結果の変化であると考えられます。

こうしたロシアが目論む脱ドル化は、米ドルの獲得に汲々とするトルコからすれば大変魅力的な世界の到来です。

２０２０年1月8日、ロシアの天然ガスをトルコと欧州に運ぶ天然ガスパイプライン、通称「トルコストリーム」の開通式が、プーチン大統領とエルドアン大統領の立会いのもと開催されました。

黒海の下に設置した全長９３０キロのパイプラインで、ロシア産天然ガスを３１５億立方メートル分、トルコ領内を通過してトルコと欧州に融通することになります。

２０１７年5月に開始された建設工事は

■トルコストリーム

2019年12月に完了、2020年1月から稼働しています。

こうして、資本とエネルギーの交易を通じて、ますますロシアによるトルコの取り込みが進展しているのが実態です。

前述したトルコのドル債務の返還については、主要なエネルギー購入をドル以外のトルコリラやロシアルーブルやユーロで決済できれば、ここで節約できたドルをドル債の償還に充てる形で帳尻を合わせられるとトルコは期待し、ソロバンを弾いているに違いありません。

歴史的に見た外貨の役割

ロシアの行動は、戦前の日本を取り巻く環境にヒントを得ていると思われます。

第二次世界大戦直前まで、ハードカレンシーと言えば米ドルか英ポンドで、これらの通貨がないと原油などの戦略物資は購入できません。そのため日本はニューヨーク連邦準備銀行に大量のドルを戦略資源の購入原資として蓄積していました。

当時の日本は外資を稼ぐため、米国向けに生糸を輸出（婦人用ストッキング）し、そこで得た米ドルを米産綿花の購入に充てていたのです。

次に、購入した米産綿花を日本国内で加工して綿織物を作り、その他毛織物や雑貨と合わせて、インドやビルマ、マレーシア、オーストラリアといったイギリスの植民地に輸出していました。ここで得た外貨で日本の重化学工業に必要な、くず鉄、石油、ゴム、錫などの原料を購入していたのです。

しかし、米産綿花と工業原料購入代金で貿易収支は赤字でした。この帳尻を合わせたのが、対満州・対支那貿易黒字でした。

かくして、日本が中国大陸の覇権を握る必要が生まれ、大陸進出を深めれば深めるほど、日本の軍備拡張が必要となっていきます。

つまり、中国侵攻に必要な軍備・生産力拡充のため、皮肉ながら、中国を支援する英米が保有する資源がますます必要となり、その購買通貨であるドル・ポンド獲得のため、英米市場に依存度合いを深めていったのが戦前日本の状況です。

言わば、英米の許容範囲の中でしか、帝国陸海軍は軍事行動を起こせない状況に陥っているのです。

南部仏印に進駐した直後、日本はドルや金など在米資産を凍結された挙句、石油禁輸を通告されます。生存に必要なエネルギーの枯渇も時間の問題となってしまい、結局はドルの軛《くびき》からの解放と自活を求めて、日本軍は太平洋戦争を選択しています。

この構図は、やや形を変えて、現在、ロシアを含むあらゆる国が体感しています。エネルギー物資などの戦略物資を海外から購入するに当たって、あるいは、戦略物資を売却して外貨を得るには、海外決裁を含む銀行システムの使用が不可欠です。

この国際貿易通貨決済システムをSWIFT（スイフト：Society for Worldwide Interbank Financial Telecommunication：国際銀行間通信協会）と言いますが、このスイフト自体、アメリカの意向に逆らえば、使えなくなってしまうのが現状です。

いったんアメリカから睨まれると、ドルを始めとするユーロや円などのハードカレンシーが途端に使用できなくなり、原油を始めとするほぼすべての国際貿易物資の輸出入が不可能になってしまうのです。まるで、スイフトが、戦前のドルやポンドの役回りとなっているのと同じ構造です。

現在のイランはアメリカからの経済制裁としてスイフトから除外されており、大きな苦しみを体験しています。

ロシアもたびたびイランの二の舞になる恐れを抱いており、その苦境から脱するために採用した手法が、自らブロック経済圏を構築するというソリューションに傾いているように見えます。

現在、ロシアの通貨を巡る取り組みには、「戦前の日本と同じ轍《てつ》は踏まない」という強い意思を感じます。

ロシアが進出を企図する三方向の一つ、トルコはこうして、政治的・経済的にロシアと共同歩調を取る形となっています。

❷ウクライナ・EU

EUとロシアの接近

ロシアにとっての懸念の残りは、ウクライナ・EU方面、そして極東方面となりますが、ウクライナ・EU方面とも、ロシアが急速に接近する環境が醸成されています。

EUは対ロ防衛において、アメリカの自国回帰主義に落胆する一方、米軍の庇護がない中で対峙しなければならない超軍事大国ロシアへの恐怖心が増大しています。

適度な距離感をつかみにくい関係を続けてきた欧州諸国とロシアは、ここにきて引き合う方向か、敵対するのか？

筆者には俄然、引き合う方向に進む兆候が出てきているように見えます。

ＥＵが大きく力を入れているのが環境問題であり、その根幹となるのがエネルギー政策です。

脱化石燃料に向けて、技術半ばで持続性に乏しく、高価な再生可能エネルギーの活用に大きく舵を取ったＥＵとしては、皮肉なことに、割安な石油火力発電から割高な代替エネルギー発電に移行すればするほど、帳尻合わせのために、比較的に安価で二酸化炭素の排出が少ないロシア産天然ガスへの依存度合いを高めざるを得なくなってきています。

実際、その割合は年々高まっています。バルト海の下を通ってロシアとドイツをつなぐガスパイプラインの「ノルドストリーム２」の開通で、ますますその度合いは急上昇していくに違いありません。

「ノルドストリーム２」はロシアからバルト海底を通過して、主にはドイツにロシア産天然ガスを供給するパイプラインの第2弾です。第1弾である「ノルドストリーム」と合わせ、欧州の需要量の実に1／3を賄える量を輸送できると言われています。

「ノルドストリーム」では現行550億立方メートルが輸送されていますが、EUは2025年には3160億立方メートルのロシア産天然ガスを必要としていると言われており、パイプラインの追加が急務となっています。こうして、エネルギー政策を梃《てこ》にして、急速にロ欧が接近しているのが現状です。

この動きに対して黙っていないのがアメリカです。

対ロ外交については、欧米が一致して強硬な対応を続けてきました。それは、2014

■ノルドストリーム
ノルドストリーム（点線）、2（実線）

年2月のロシアによるクリミア半島の奪取に端を発した対ロ経済制裁であり、力による現状変更は許さないという、アメリカとEUが共有する価値観に立脚して発動されてきたものです。

しかし、2017年8月に発効した通称「ロシア・イラン・北朝鮮制裁法」では、正式名称を「経済制裁を通じた米国の敵対者への対抗措置法」と言い、米国単独の制裁に変容。「ノルドストリーム2」の建設にも適用されることになりました。

この建設に関わる企業にはアメリカへの入出国やドルの使用が禁止されることになります。制裁発動を受けて、多くの欧州銀行や建設会社がこのプロジェクトからの撤退を表明しています。

しかし、そもそも40年以上にわたって、ロシアの天然ガスに依存してきたのが欧州のエネルギー事情でした。

ウクライナ紛争以外の時期は、極めて安定的に総需要の1/3をロシア産天然ガスに頼って、欧州経済が稼働してきた歴史と現状を無視したアメリカの対応に腑《はらわた》が煮えくり返っているのがドイツであり、オーストリアを始めとする欧州先進諸国です。

ロシアも安定的にハードカレンシーを獲得できる手段を奪われる形になって、アメリカへの巻き返しを図ろうとＥＵとともに熟慮しています。ＥＵとロシア、敵対しながらも実質的に両者は互恵的な結び付きを冷戦時代から続けているのです。

こうした煮え湯を飲まされ続けてきたＥＵとロシアは、今後、ドルを排除、ユーロを通じて、同床異夢の結び付きを強めていく気配が濃厚だと見ています。

ロシアは軍事対立するウクライナを経由しない形で欧州への天然ガス輸出を企図し、ノルドストリームやトルコストリームを建設してきました。しかし、それによって年間20億ドルのガス通過料を失うウクライナが強硬にアメリカを焚きつけ、このプランに反対してきた成果が、アメリカによる妨害に実びついています。

そこでロシアはまず、ウクライナ国民の絶大な支持を誇るゼレンスキー大統領と２０１９年12月に休戦協定をまとめ、迂回輸送をある程度諦め、ウクライナに対してガス通過料の一定権益の確保と、今まで輸送をストップしていたことへの賠償金の支払いに応じるなど、大幅な宥和外交を行っています。

この結果、対ウクライナ戦線でも平穏が保たれることになりました。ウクライナからの抗議も弱くなって、アメリカも大きな妨害を行うインセンティブが薄くなった形です。

❸極東

極東におけるロシアの動き

前述のように、ロシアは南部と西部で大きな外交的成果を収めつつあり、その成果を確保するためにも、今後は西と南での平穏を保つ外交政策を進めていくことになるでしょう。そうなると、ロシアの余力は、残る極東方面に向けられる可能性が高いと筆者は判断しています。

実際、日ロ国境が慌ただしくなってきています。防衛省のシンクタンクである「防衛研究所」は毎年、東アジアの安全保障情勢に関する報告書をまとめていますが、2019年の報告書では、INF（中距離核ミサイル）の全廃条約が失効したことを受け、アメリカとロシアがともに中距離ミサイルの開発に着手しているとし、「東アジアにおいてもミサイルの分野で軍拡競争が発生する可能性がある」と警鐘を鳴らしています。［文献2］

その上で「ロシアが北方領土を含めた極東地域において、日本を射程に入れた中距離ミサイルを将来的に配備する可能性について、想定する必要に迫られている」と指摘しました。

ロシア軍の通常と異なる動きも目立ち始めており、2019年6月、ロシア軍の爆撃機が太平洋の上空で日本の領空を侵犯したほか、7月には中国軍とロシア軍の爆撃機が日本海から東シナ海にかけて共同飛行を行ったことが初めて確認されました。

防衛省は、中ロ機の活動が引き続き活発で特異な動きも確認されているとして、警戒と監視を続けています。

それに呼応するかのように、領空侵犯に対する自衛隊機のスクランブル＝緊急発進は、2019年度、947回と過去3番目に多くなっています。中ロの動きには実際のところ予断のない展開が続いていると言えます。

ロシアの視点から日本を見た時、冒頭の露寇事件当時、西欧列強がひしめく欧州方面での活動を諦め、南ではトルコを支援する英仏に遠慮して反対側の極東アジアでの拡張主義に転じたので、その結果、日露戦争で日本と激突したことがわかっています。

そうした因果関係を現在に当てはめてみた場合、ロシアは、NATOとウクライナとの協働強化を見て宥和外交に転じていること、南ではトルコを手名付けたことを考え併せた時、反対側の極東アジアで飛躍を図ろうと考えているとしても、歴史的には無理な話ではないと見ます。

軍事強国ロシアが、強大な軍事国家となった中国との軍事同盟を背景にして、現在、北方領土返還どころか、日本に圧迫を加えつつあるのはご承知のとおりです。

こうした中で、日米安保条約に依拠している日本としては、アメリカの国内回帰・外政軽視・内政優先の姿勢が大きな不安につながっています。

しかしアメリカとしても、大統領選の年である2020年、そして、国内が未曾有の新型コロナウィルス感染危機と、それに伴う経済危機に対応するため、持てるすべてのエネルギーを注力している今、外政が二の次、三の次となっているのは仕方がないでしょう。

したがって、日本の危機が日本近代史の定石どおり、北から来る可能性を念頭に置いたほうがよいかもしれません。

ロシアの脅威に対する日本のソリューション

古今東西、疫病対策は政権の最重大事

現状、日本では政府による対国内情報操作が奏功し、ロシアや中国の脅威があまり国民に認識されていません。社会不安の根源はコロナショックに絞られており、表面的には安逸が保たれています。

既にここまで見てきたように、幕末時代、幕府による情報封鎖とあまり変わりないわけですが、感染爆発然り、経済悪化然り、現実の変化が激しく、その範囲も広すぎて小手先の回避策ではどうにも立ちゆかなくなってきています。

幕末で言えば、当時は帝政ロシアの脅威に加え、コレラの拡大が民衆にとって異人に対する恐怖を倍加させていた要因でした。

コレラは当時、「三日ころり」として非常に恐れられた病気です。コレラが日本に初めて伝来したのは1822（文政五）年です。次いで、「安政の五か国条約」が締結された1858（安政五）年に感染爆発が発生しています。江戸の当時の人口は100万人、そのうち数万人が亡くなったと伝えられています。

この伝染病を持ち込んだのが西欧人であったことから、日本人の間で攘夷運動に拍車をかけるきっかけになります。当時の民衆は、情報封鎖もあって外国人に対する偏見が強く、異人を追い払えないどころか優遇する幕府への不信を募らせていました。

伝染病対策に無為無策の幕府に対して、体感的な政府不信が醸成されていく過程で、全国的に攘夷運動が盛り上がっていったのが幕末期の日本の姿です。民衆の恐怖と自発的行動が、ひいては維新という反政府運動につながっていったのは道理でした。

そもそも幕府は、打ち続く安政の大地震などの災害、開国に伴う生糸や金貨の流出など、大幅な財政赤字に瀕しており、攘夷を行うにも金欠で、コレラ対策を行う資金にも欠乏している状況でした。

この状況は現在と今後の世界の姿を考える上で非常に重要です。貧富に関係なく、ロシアを含む新興国やアフリカなどの発展途上国の人々をも等しくウィルスが襲うので、財政余力がない国々は、有効な防疫対策が打てません。そうなれば、貧しかった幕末の日本と同様、当地の国民が生命をかけて当該政府を糾弾することになるでしょう。

ここまで本書で検証してきたように、幕末期、攘夷討幕の最大のトリガーとなったのは実際のところ、黒船来航ではありませんでした。

それは露寇事件であり、外国由来のコレラの国内での感染爆発だったのです。国内秩序が揺らぐ時、目の行き届かない人口が希薄な場所を狙って、ロシアが食指をのばしてきた歴史的事実から目を背けるべきではないでしょう。

もちろん、軍事力の整備は他国から付け込まれないために重要な要素です。幕末の日本でも、独立と国威発揚を可能にした重要な要素は、海外勢力がひるむほどの軍事力でした。江戸幕藩体制下での兵力は、幕府で8万人（旗本八万騎というのは旗本・従者すべて合わせた数）の親衛隊に加え、10万石ごとに2000人規模の兵力を譜代大名は認められており、全国の徳川親藩を合わせると総勢約20万程度の動員兵力を有していたことになります。

当時のアヘン戦争に参加していた兵力はイギリスで1万9000人、清帝国で20万人という動員数を考えた時、大清帝国と遜色のない兵力を幕藩体制側は保有していたことになります。もちろん、質については軍事技術革命を経た西欧列強とは比べるべくもなかった状況で、実質的には軍事小国でしょう。ただし、軍事ポテンシャルは日清で大きく違っていたのです。

疫病や外国の脅威に対抗するには ―佐賀藩の事例

筆者は、明治維新を考える時、大清帝国と江戸幕府が同じような因襲に覆われた国家であるにも関わらず、片や半植民地になり、片や独立国となったのかについて考えが及ぶのです。具《つぶさ》に幕末当時の様相を見た時、ある藩の存在に、その理由を探るヒントがあると見ています。

当時、幕藩体制下の日本が、社会構造において大清帝国と大きく違う点が一つありました。それは「多様性」です。もっと具体的に言えば、西欧列強に対抗できるほどの「質」を兼ね備えた先進的な藩が少数ながら日本に存在していたことです。

具体的な名前を挙げると、島津家が統括していた鹿児島県の薩摩藩であり、かつて島原の乱が勃発した地域にあった鍋島家の佐賀藩です。

彼らは仕来《しきた》りや因襲が世間を覆っていた江戸幕藩体制下、他藩を尻目に、営々と西欧列強の技術を取り入れ、幕末に独自の軍事強国を作り上げていました。

佐賀藩十代藩主の鍋島直正《なべしまなおまさ》は、大規模なリストラで役人の数を従来の1／5にして浮かした経費で、農民保護の幕政改革や西欧技術の摂取に努め、文字どおり「富国強兵」を進めていたのです。

「精錬方《せいれんがた》」という科学技術の研究機関を創設し、鉄鋼の製鉄、大砲製造、蒸気機関という軍事技術から、電信、ガラス製造という民生品の開発まで、日本国内では驚異的な水準で軍事・民事大国の道を邁進していました。

薩長の政治攻勢によって隠れて目立ちませんが、佐賀藩は戊辰戦争でも官軍の主力を務めています。島原の乱のお膝元でもあり、一致団結した大衆の凄みと長崎出島仕込みの先進性を兼ね備えた藩だったからこそ、徹底した軍事改革が果たせたのです。

もう一つ、佐賀藩が先進藩として存在できた重要な理由が存在します。

鍋島直正

それは、中央集権的でなかった「幕藩体制」に依拠した時代の構造です。つまり、「多様性」という、未来に向けての柔軟性を内含する地方分権型社会だったからこその鍋島藩であり、薩摩藩だったということです。

因襲の多い藩がある一方、そうでない佐賀藩や薩摩藩なども同じ時期に存在できた多様性のある環境こそが、日本の未来への発展の素地を作っていたと言えます。

少数意見を取り入れる要素がある「多様性」は、移り変わりが激しい世の中において大きな武器となり得るのです。

他方、大清帝国はそうではありませんでした。皇帝が有能であればよいのですが、無能だった場合、合理的で生産的なことであっても、彼が「ダメ」と言えば中国全土でその「ダメ」が押し通されてしまうのです。

大明帝国でも有能な皇帝亡き後にお家騒動を事由として、先進的な前皇帝派が失脚、大型航海船を始め、多くの先進的科学技術が圧殺されてしまったことがあったのですが、不幸にも、その内向き志向を後身の大清帝国がひきずっていくことになりました。

激変する時代に求められるのは
柔軟な対応力

思いを致すのが坂本龍馬の言葉です。明治日本を作り上げていく原動力となった、坂本龍馬と西郷隆盛が、幕末最高の智と称された横井《よこい》小楠《しょうなん》について話をしている時、西郷が「あれは考えがコロコロ変わっていかん」と評しています。

しかし、それに対して龍馬は、「千変万化の渦中に投ずるに際しその用に適さず（激動する世の中において、ある考え方に固執することは無用である）」と西郷をたしなめ、小楠を評価しています。

変化が激しい時は通り一遍の方法だけでは通用しません。日頃からさまざまな考え方を持つ努力や多様性に満ちた社会こそ、明治日本がアジア唯一の独立国家として万国対峙を可能にしたヒントがあると見ています。

適度な軍事力の整備とともに、多様性を背景に、世界が必要とする国際的な独自商品の製造国となること。そして、他国の製品も排除することなく輸入を行い得る購買力のある通貨を保有できれば、他国が日本の独立を巡ってお互いに牽制する環境が醸

横井小楠

成されることになるでしょう。

コロナショックで日本の国政がさらに混乱するのであれば、他国が日本へ付け入るチャンスと見たとしてもそれは合理的な話です。全くおかしな話ではありません。

だからこそ、日本の国防を確かにする努力が必要なのですが、その上でのカギは、軍事力そのものだけではないのです。

日本の独立を保証した製品力

意外なことに、世界に通用する競争力の高い国際製品を持っていたがゆえに、幕末の日本が独立を維持することができたという事実があるのです。

幕末当時の国際商品と言えば、日本製の「生糸」です。幕末期、南北戦争や蚕の病気の蔓延で、世界は生糸不足に陥っており、鎖国で病気にかかっていなかった日本の生糸はまさにダイヤモンド級の価値がありました。そんな国で、対外戦争や内戦などが行われてしまえば、必要とする生糸の安定供給に支障が出てしまいます。

西欧列強としても、日本がどこか特定の国の植民地になることや、内乱に陥るような事態を防ぐことは絶対に防ぎたいところでした。

生糸の輸出で購買力が生まれてきた幕末日本から、西欧の綿や機械などへの需要が拡大、対日輸出も増えていたことから、西欧列強が日本の独立を巡って、互いに牽制し合う環境から幕末日本の平穏が保たれていたと言っても過言ではなかったのです。

現代の日本で言えば、幕末の生糸に相当するのは医薬品であり、医療技術となるはずです。健康の維持のための予防薬、感染からの防疫薬、外科手術など、すべて日本が世界をリードしている分野です。

今回のコロナショックで顕在化したのが、「衛生」という分野における世界的な新規需要です。

イノベーションだけが資本主義の宿命である「飽和する需要」によるGDPの低下への処方箋となるわけですが、まさに衛生分野は、シュンペーターが言う「プロダクト・イノベーション」です。

世界中の人、企業、国家が、コロナショックを防ぐべく、新薬やワクチンの探求に血道を上げています。こうした医薬品業界や医療業界の振興にこそ、日本はリーダーシップを確立し、日本の友人を海外に多く作れば、日本の独立を尊重する国が増えることにつながるのです。コロナショックで苦しむ新興国への医療団の派遣などはそのいい例でしょう。まさに「マスク外交」は日本が行うべきなのです。

「国民の意識」が国の根本を支える強さ

さらに重要な要素を付け加えておく必要があります。

それは私欲を捨てて公に殉じられる、柔軟な考え方ができる優秀な日本人をできるだけ多く育成することです。

国家を自分の体と同じく考え、維新戦争や日清・日露戦争を戦い抜いた歴戦の軍人や元老たち。バランス感覚のある国の舵取りたちが日本を支えていたことは、幕末以降の日本の幸いでした。

しかしその後、彼らが戦没、病没していく中で、その後の日本は、自分の力を過信し、客観的に俯瞰して自分を見つめることができなくなっていきました。

鳥瞰して客観的に自らを評価し、研鑽することを怠らない人物の育成こそが、海外とのバランスより国内の政治権力闘争を重視していくような偏狭な人物を排除することにつながるでしょう。そうした時になって初めて、世界から称賛され、必要とされる形で日本の独立は維持されようというものです。

▼今後予想されるシナリオ・ストーリー

□ポスト・コロナショックで、ロシアの次なる一手は何か。日本は何に警戒しなければならないか⬇

コロナショック下で苦境に立たされるロシアは、軍事手段を用いるなど、あらゆる手段で復活を考えるだろう。日本はロシアに対峙するより、彼らから戦略物資を長期的に購入するなど、彼らとのウィンウィンの関係を築くチャンスに転化する必要があろう。

□北極海航路や北極圏資源などの開発で北方領土、北海道の重要性が再確認された後、中国による沖縄、本土および北海道の土地買収と移住、ロシアによる北方領土、北海道侵略を防衛するには米軍を北海道に駐屯させるなどの対策を講じる必要も出てくるか? あるいはロシアと手を結び、中国に対峙する方向が現実的か?⬇

ロシアは南と西を平穏にしており、極東進出余力が今はあるので、相手につけこまれる隙を与えることなく、また、できるだけ刺激もせずに穏便に事を構えるべき。

□資源、核兵器、外交力のすべてを「持たざる国」の日本は、アメリカの撤退とともに、長大なシーレーンや国土防衛をどう転換させていき、国家戦略に基づいた経済へと移行していくのか⬇

アメリカが「国力が低下していくような国（日本）をそれまでと同じような労力をかけてまで守ることに何の意義があるのか」という冷徹な見方をした時、アメリカ依存の「一本足打法」の怖さを再確認しつつ、日本が依って立つ柱を二本、三本と増やしていくべき。自国で守れる範囲にシーレーンを縮小して仮想敵も限定し、なるべく増やさないことが肝要となる。

第8章
コロナショックと金融市場

コロナショックと日本の未来

２０２０年が明けてからの数か月間で、疾風怒濤のコロナショックが、世界中から多くの大切な命を奪っていきました。今後、世界中でどの程度の被害になるか予測もできない状況です。

こうした事態を受けて、国際金融市場は大荒れになります。２０２０年2月下旬から3月中旬にかけて世界株式市場の暴落は、世界中の市場関係者が度肝を抜く規模の下落でした。当然ながら、世界中の国や中央銀行は暴落を食い止めようと大規模市場介入に踏み切ることになりました。特に大規模だったのがアメリカです。

トランプ政権による約2・8兆ドル（約３００兆円）におよぶ過去最大級の米財政出動（3月27日に成立した2・3兆ドルに加えて、4月25日に成立した追加措置としての４８００億ドル）や、アメリカの中央銀行に当たるＦＲＢ（連邦準備制度理事会）による3月15日の史上初のゼロ金利政策の発動、3月23日に無制限介入を示唆した異次元量的金融緩和開始、各国中銀との大規模ドルスワップ協定など、未曾有の規模で矢継ぎ早に内外市場に向けて財政政策が打ち出されています。

こうした一連の危機対応を好感した国際金融市場はようやく小康状態を得ており、危機の翌月4～5月を通じては、S&P500株式指数は3044・31ポイント（2020年5月29日現在）と3月27日の底値からは36％ほど反転上昇しています。ただし、感染拡大は世界中で継続しており、未だに予断を許さない展開が続いています。

ドルの異次元解放で国際金融市場に何が起きるか

従来、国際金融市場はロンドンの銀行間米ドル貸借短期金融市場をコアとして形成されています。世界中の人から貸借されたドルが、債券や株式や商品など、世界中のあらゆる資産にどのように分散・投資されていくかという観点から世界中の機関投資家が資産運用を行います。

国際金融市場のプレイヤーにとって世界通貨である米ドルの先行きを占うことは最

重要で、その際、米ドルの金利動向は大きな要素となります。例えば、

中央銀行の金融緩和でドルの短期金利が下がる

⬅

ドルの流動性が上昇

⬅

世界市場の血の巡りがよくなる

⬅

株式市場は上昇傾向へ

このような観点で、投資家はドルの金融政策の行方を最重要項目として、国際金融市場動向の先読み合戦をします。ドルありきで国際金融市場が成り立ち、その結果、FRBの意図を汲み取りながら、ニューヨークとロンドンで起債などのファイナンスがスムーズに行われていくというのが金融界の暗黙の了解です。

アメリカのトランプ大統領は、コロナショックによって、米国債が下落し、アメリ

カの権威が下がることを恐れており、予防としてFRBによるドルの大量供給に踏み切っていることになります。つまり、相対的に通貨に対して米国債の値段を上げようとしているわけです。

問題は、国際物価がドルの供給過多で、必要以上に上がってしまうのではないかという懸念があることです。

現下は、世界がコロナショック下にあって、アメリカのみならず世界で商品取引量が低下しており、貨幣供給を拡大したからといって、商品取引量が増えることは考えにくい状況です。

であるならば、通貨量の拡大分を商品取引量が吸収できないため「まずは、通貨の価値が下落しやすい＝ドル安⬇物価が上昇しやすい」と筆者は見ることになります。

この話の裏側にあるのは経済学的に言うと「フィッシャーの交換方程式」と「ケンブリッジ方程式（現金残高方程式）」の考え方で、「MV＝（PQ）k」で表されます。M（マネー）が通貨量、V（ベロシティ）が通貨の世間での巡り度合い（通常は一定で1とおく）、P（プライス）が物価、Q（クアンティティ）が商品取引量、k（マーシャルのk）が米国債を含む、金融市場でやり取りされる金融資産の価値となります。

＊ケンブリッジ方程式（現金残高方程式） アメリカの経済学者・統計学者アーヴィング・フィッシャーが定式化した、古典的な貨幣数量説で貨幣量と物価の関係を表す「フィッシャーの方程式」を変形して導かれる、改良した考え方で、フィッシャー方程式が現実的には検証が不可能だったのに対し、ケンブリッジ方程式は統計的に把握できるという利点がある。

この場合、P×Q＝名目GDP＝実体経済となります。

また、「k（マーシャルのk）」とは、マネーサプライ（通貨供給量）を名目GDPで割った比率です。kが1よりも大きくなる時は、M（通貨量）を拡大した時、その増大分が「米国債」（＝米国債などの金融市場）に流れていることを意味していて、その分は、工場建設やモノの購買といった実体経済には流れていないことになります。

アメリカは消費大国であり、その消費の源泉を世界からの借金（債券発行）で賄っています。世界のGDPの4割近くが米国のGDPで、その米国のGDPのうち6割以上が国内消費です。つまり、世界のGDPのうち1／4はアメリカ人の借金で購買された物事から生まれ出ており、多くの有効需要がアメリカの消費者（借金まみれ）で占められていることになります。

アメリカ覇権通貨のパワーの源泉（≒アメリカの国威に相当）は、このkが1を超えていることによって表されます。

現在、世界がコロナショック下にあって、アメリカのみならず世界中で商品取引量が低下しており、貨幣供給を拡大したからといって、商品取引量が増えることは考えにくい状況です。

そのため「通貨の量の拡大分を商品取引量が吸収できないため、通貨の価値が下落しやすい＝ドル安➡物価が上昇しやすい」と筆者は見ることになります。

この数か月は、kが上がっていて物価の上昇が起きていませんが、これは時間の問題のように見えます。

今のところ…　M↗V＝（PQ）k↗

➡コロナショック金融・財政対策が生み出す、債券・資産バブル

そのうち…　M↗V＝（P↗Q）k↘

➡リフレーション懸念

最悪のケース…　M↗V＝（P↗↗Q）k↘

➡米国債安＋物価高＝スタグフレーション懸念

最良のケース…　M↗V＝（PQ↗）k

➡ロックダウン解除でアメリカの国威回復

時の経過にしたがって、ロックダウンが解除され、商業活動が活発になって商品取引量が拡大するなら物価はそれほど上がらないでしょうが、ロックダウンが解除されないなら、物価の上昇は明瞭になると見ています。

もちろん、米国債の値段が安定すれば、時の経過に連れて、アメリカ国民の購買力

安定を反映し、商品取引量が増えて世界経済全般が安定するため、「通貨」の拡大分が取引量上昇＝貨幣需要拡大に吸収され、物価も落ち着くことになります。

コロナショックを経て、グローバル投資戦略を統括するファンドマネージャーの観点から現下の国際金融市場を見た時、社会秩序が急激に変わる恐れを織り込みつつあることが明瞭になってきています。

これほどの大きな市場変動および政府の市場介入は、筆者の運用歴22年においても初めての規模であり、いったんすべてをゼロベースから、つまり、基礎に立ち戻り、国際金融市場の仕組みそのものを考えるべきであると判断しています。

社会インフラとコンドラチェフの波

「リスク」は金融の世界では通常「予想通りに行かない可能性」を指して言いますが、アラビア語に由来する航海用語で「海図のない航海」を表す言葉です。

今後の市場動向を占う上でも、「確かな海図」を手に入れるべく、時代を鳥瞰することは欠かせません。そのため、欧米機関投資家に使用されているのが「景気循環」

の考え方です。この考え方を用いて、今後の市場・経済動向を考察します。

今から100年以上も前のソ連の経済学者、ニコライ・ドミトリエヴィチ・コンドラチェフは「経済の上昇局面25年と下降局面25年の50年を一周期として、一国の社会・歴史が展開していく」と提唱しました。

これは彼の1922年の論文で提唱され「コンドラチェフの波」と言われる景気循環を言います。彼は、50年周期の社会変動が、ダムや鉄道、発電所など、社会資本インフラの耐用年数と結びついていると考えました。

ダムなどの「恒久的資本財」への投資が行われる過程では、規模が大きいだけに景気の上向きの波及効果が大きく、国民経済は長期的に上昇傾向を辿り、その投資効果は25年くらい続くというのです。

次に、社会資本の投資が完成してから後半の25年では、社会資本の老朽化が見られ始めるものの、道路の陥没や発電所の故障による大規模停電など、老朽化に伴う弊害が目に見える形で社会に現れるまでは、莫大な金額が必要となる社会資本投資は凍結され、長期的には景気に対する下方圧力を生む形で作用していきます。

その後、目に余るほど社会資本の老朽化が進むと、「財政面で苦しくても大規模な

ニコライ・ドミトリエヴィチ・コンドラチェフ

投資を行うべき」という民意が形成され、国家による腰を据えた次の社会資本インフラ投資が行われるというわけです。

社会インフラの更新期にはテクノロジーの革新が起きる

往々にして社会インフラは、次世代型の新技術を生み出し、社会に大きく影響を与えていくことが観測されてきました。

例えば、1868年の明治維新以降の日本の近代化。1918年の第一次世界大戦終結以降の日本の政治大国化。1968年の高度成長以降の日本の経済大国化。そして今、2018年以降の令和日本。

つまり、超長期景気循環から見える今後25年の日本の姿は、莫大な社会インフラ整備を行わなければならない、「社会資本更新期」に入る局面に当たり、社会もそれに応じて大きく変容を遂げていくことが想定されます。したがって、コロナショックを前にしても、新規需要創出に長期的に不足しない時代であり、総じて悲観することもない状況だと筆者は見ています。

この社会資本整備は、新エネルギー源の登場と密接に結び付きます。

人類は古来、生活スタイルの発展段階に応じて、特に、エネルギー利用の用途を、高度化・多様化させてきました。石炭の時代、石油の時代、天然ガスを含む代替エネルギーの時代への変容がそれです。そして筆者は今後、本格的な原子力発電の時代となる可能性が濃厚だと見ています。

18世紀に入り、産業革命が起きると、石炭をエネルギー源とする蒸気機関が世界の様相を大きく変えました。農業社会から工業社会への転換です。産業革命以前、農村に居住、農業に従事していた人口の大半が、産業革命以後では、人口の過半は都市に居住し、工場で働く労働者に転換されています。

20世紀に入ってからは、化学工業品などへの用途も見込めることもあって、石油の使用が拡大していきました。衣食を含めた生活のすみずみに大量生産された消費財が流通するようになります。

軽油で動く大型の汽船を用いた世界規模での流通の拡大や、ガソリンを動力源とする自動車の発達にともなって、人々のライフスタイルが大きく変化していきました。

余暇の消費も普及し、宿泊施設や飲食店が整備され、エンターテイメント産業も隆盛します。工業社会から消費社会への転換になりました。

そして、現在の私たちの社会や生活もまた、今後のエネルギー源の変化によって目に見える形で大きく変わっていくものと考えます。

コロナショックとエネルギー転換の流れ

昨今、環境への負荷が高い石油から、天然ガスなどの代替的なエネルギー源が模索されるようになり、再生可能エネルギーの使用が世界的に奨励されています。

中国やインドなど大人口を抱える新興国の経済的勃興で、石油の使用量が爆発的に拡大する過程にあり、世界的に公害が問題となっているためです。

これらの公害問題に加え、コロナショック後の世界において新冷戦構造の輪郭が明瞭になりつつある今、産油エリアに偏りがあり、中東情勢の悪化を含めた地政学リスクの上昇に世界が耐えきれなくなってきているのです。

50年周期で変遷を迎えてきたエネルギー源を考えた時、これからの世界は石油から異なるエネルギー源を模索する世界に入っていくのではないかと見ています。

現にコロナショック下とはいえ、原油先物価格がマイナス値を付ける異常なまでの下落を見せているのは、テクニカルな原因（コロナショックによる需要減少で貯蔵タンクに余地がなくなったことと、アメリカのシェールオイル潰しのためのサウジ、ロシアによる大増産）があったものの、象徴的な出来事として世界の人々の胸に刻まれました。

筆者は、原油先物価格とは真逆にウラン先物価格が２０２０年の年初来で30％以上も逆行高していることを考え併せた時、世界の焦点は原子力にシフトしていく予兆ではないかと注目しています。

日本の原子力発電

日本の敗戦は、広島と長崎に落とされた原子爆弾により決定づけられました。結果、日本では戦時中、京都大学、陸海軍、理化学研究所が主導して原子力研究を行なっていたものの、敗戦国としてサンフランシスコ講和条約に至る１９５２年までアメリカから研究をストップされました。他方、戦後の原子力研究は米ソ両国がほぼ独占して開発していくことになります。

改めて、日本で原子力研究が盛んになったのは１９７０年代以降です。当時、イスラエル排撃を理由とした第４次中東戦争が１９７３年に勃発。中東主要産油各国が、イスラエル寄りの西側諸国へ石油生産の段階的削減と原油公示価格大幅引き上げを発表したことは、いわゆるオイルショックとなって日本経済に大ダメージを与えました。石油価格の暴騰は、エネルギー源を中東の石油に依存してきた日本経済に冷水を浴びせます。前年からの列島改造計画で地価が高騰し、インフレ懸念が拡大していた日本を、輸入物価のインフレが直撃する事態となったからです。

この結果、日本にとってのトータルベネフィットの観点から石油の優位性が揺らぎ、日本は省エネルギー技術開発に加え、原子力技術開発に邁進していく契機になります。

1965年、東海村で日本史上初の商用原子力発電所が臨界に達し、操業が開始されました。1974年には電源3法（電源開発促進税法、電源開発促進対策特別会計法、発電用施設周辺地域整備法）が成立、原発を作るごとに地方交付金を出す仕組みができます。

原子力発電の能力を拡大し、工業用・産業用電源を安価に安定的に供給することを目的とした法律が整備され、日本の原子力産業が発展・拡大してきて今に至ります。

もっとも、1979年の米スリーマイル島原子力発電所事故や、1986年のソ連のチェルノブイリ原子力発電所事故が起きた後、原子力発電の危険性が欧米で大きく認識され、世界的に原子力研究拡大に水を差すことになりました。

とりわけ放射能汚染に直面した欧州では、原子力に代わる他の脱化石燃料エネルギー源が求められていくようになります。

１９９７年に締結された京都議定書（気候変動に関する国際連合枠組条約の京都議定書）が発効してからは、温室効果ガスを発生させないエネルギー源の使用が推奨され、太陽光発電や風力発電などの自然エネルギー由来の電源増加が進展。目下では、総原電に占める割合が、欧州で3割以上になるほどに拡大しています。

日本でも２０１１年に発生した福島第一原子力発電所事故で、放射能汚染に直面したことを契機に、原子力発電における安全神話が崩壊しました。

欧州に遅ればせながら、原子力に代わる新たなエネルギー源の模索が国家の急務になりました。現在、日本政府も税制優遇を始めとして、自然エネルギー源や水素発電技術開発、メタンハイドレート探索などに大きな支援を与えるようになっています。

しかし、高価で不安定な電源となる代替自然エネルギーは無資源国家日本にとっても荷が重く、その点、原子力は非常に魅力的なエネルギー源です。

筆者は水素発電の進展にも大いに期待し、注目していますが、今まで莫大な研究費を投下してきた以上、より大きな可能性を原子力発電に見ています。

安全を担保する科学技術の進歩とともに、今後の日本には原子力の持つ力は欠かせないものになっていくはずです。犠牲を払いながらも、過去50年の開発の歴史におけるトライ&エラーで多くの知見を蓄えてきているのが原子力開発です。

実際これまで直接的な就業者の死亡者は規模を考えれば極小で、大気汚染もなく、温室効果ガスの排出もケタ違いに少なく（石炭火力発電の2～4%、天然ガス火力発電の4～5%）、1日24時間休みなしに稼働して経済効率も抜群なのが原子力発電です。

信用循環「ジュグラーの波」とアート市場

前述のとおり、超長期景気循環から見た世界は、代替エネルギーの創出を巡って、新需要が起きやすい時代が続くため、総じて悲観すべきでもないことが見えてきました。しかし、他の波も子細に見る必要があるでしょう。

景気循環の波には、先述したコンドラチェフの波以外にも三つの波があります。

❶在庫循環による景気循環……約4年　キチンの波

❷信用（クレジット）による景気循環　…約10年　ジュグラーの波
❸建設投資による景気循環　…約20年　クズネッツの波
❹技術革新、社会インフラによる景気循環　…約50年　コンドラチェフの波

中でも、本節で詳述する「ジュグラーの波」という信用創造に基づく、10年サイクルの景気の波は、ここ数年の世界の動きを見る上で欠かせません。

今般の大荒れになった市場の様相は「コロナ・クラッシュ」と呼称されていますが、クラッシュと言うからには、それ以前に高騰があったはずです。

詳細を見ると、実際に金融バブルとも言うべき大きな株価の上昇が、特にアメリカ株式市場で起きていました。S&P500種株価指数は、2009年の3月末を底として、その後10年以上にわたり5倍以上に上昇していました。

加えて、長く同株価指数の動きを見つつ、中期の米国経済循環を考えた時、過去およそ10年周期の上下の波があり、前回は2008～2009年に景気後退が訪れてきたことがわかります。景気の変わり目において、今後の市場動向を見つめる時、筆者は海外絵画市場を中心とする「アート市場」に必ず注目することにしています。

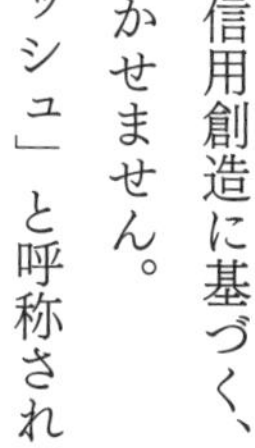
クレマン・ジュグラー

アート市場は史上最高値が続出すると、その後に必ず急激な景気後退が待ち構えているという特性を持っています。この市場は10年周期の波に2～3年先行する兆候があるため、景気循環の波を見極める上で、欠かせないモニタリングになります。

日本バブル期の名画買い

バブル期には「名画買い」が必ずと言っていいほど起きます。例えば、30年前ほどの1986年頃、日本人が仕掛け人となって海外絵画市場が高騰した時期がありました。1987年の1月、オークション業者のクリスティーズが「ひまわり」を出品したところ、当初の想定価格は500～600万ポンド（当時のレートで11億円～14億円）と見積もられていましたが、安田火災海上保険（現損保ジャパン日本興亜）が一枚の絵の取引としては最高額の約53億円（当時の為替換算）で落札します。

その後の1990年、大昭和製紙（現日本製紙）会長の齊藤了英氏がゴッホの「医師ガシェの肖像」を約125億円、ルノワールの「ムーラン・ド・ラ・ギャレットの舞踏会」を約119億円で購入。いずれも当時の絵画の最高落札価格を更新するものでした。日本が1986年に輸入した美術品の総額は700億円未満でしたが、

ひまわり

医師ガシェの肖像

1990年には6000億円を上回るほどになっています。いわゆるバブル経済の渦中にあって、一般庶民にまで絵画投資ブームが波及していったためです。ちなみに2018年では2460億円程度と言われています。

与信悪化がもたらす名画の価値暴落

バブル期当時、ノンバンクと言われる消費者金融、特に、レイクがアート売買に積極的な貸し付けを行っていました。とりわけ、土地神話を背景に、不動産開発業者に対して、絵画を担保とした巨額の貸付けを行なっていたのです。

日本人の好きなシャガール、ローランサンの作品は、どんな作品でも破格の値段で売買されました。しかし、絵に無知な日本人サラリーマンで埋め尽くされたサザビーズやクリスティーズのオークションは1990年、唐突暴落します。暴落の原因は「金融機関の与信態度（クレジット）の悪化」でした。

日銀のバブル潰しの利上げが効き始めて土地神話が崩壊、当然、銀行は不良債権の山を抱え込むことになります。バブル崩壊後に債務者が返済不能に陥るケースが後を絶たず、質流れで絵画を抱え込まざるを得なくなったのが当時の銀行やノンバンクで

ムーラン・ド・ラ・ギャレットの舞踏会

した。結局、レイクは美術市場最盛期に6000点に上る絵画を担保として所有していたものが、ほぼ不良債権処理の対象となって首が回らなくなり、最終的に米金融会社GEキャピタルに買収されています。

クレディセゾンもアート担保融資で有名でしたが、絵画購入資金を貸し出す際、同じ西武グループの西武デパートに絵画の担保価値を査定させる状態でした。当然、バブル崩壊で大型の不良債権を抱えることになっています。

つまり、絵画を買う時に、現金以外に「与信（クレジット）」を当てにしている買手が多くいたわけです。与信は買手ではなく金融機関の裁量で決定されます。

この与信こそが景気循環を引き起こす原因になります。

現金は通常の経済活動（サラリーマンで言えば給与）から得ています。これを「生産性からの収益」と呼びます。生産性は期間によってあまり振れることなく、じわじわと伸びるものです。機械装備率の上昇や経験の積み重ね、技術革新が生産性を押し上げる要素です。

しかし、銀行からの与信はそうではありません。景気がよければ担保価値が上がるため、手間暇・時間をかけることなく多くの金額を銀行から借りられます。悪ければその逆で、返済できない時には即座に担保が差し押さえられ、一瞬で購買力と意欲が社会全体から奪われてしまいます。この流れを整理すると、

❶生産性に基づく購買力（月給など）ほぼ一定：現金での購入。
❷アート価格が上昇。
❸アートの担保価値が上がり、銀行与信が付きやすくなる：現金＋与信で購入。
❹アート価格がさらに上昇　❸と❹を繰り返してバブルへ。
❺通常は政策金利引き上げなどの金融引き締めがきっかけでアート価格が天井値を付け下落へ。
❻アートの担保価値がさがり、銀行与信が付きにくくなる。
❼アート価格がさらに下落、担保価値が与信を下回り、マージンコール（追証）発生開始。
❽アート価格がさらに下落、追証に対応できず銀行と債務者の間で債務カット交渉開始。
❾アート価格がさらに下落、銀行は焦げ付いた債権を不良債権として計上、銀行貸出余力削減となる。質流れになったアートを市場で銀行が売却。

ここで、❺以降の姿を底打たせるには、

- 商業銀行が債務カットし、債務者の返済負担が減る⬇債務者の購買力が上がる
- 中央銀行が利下げする
- 中央銀行が量的金融緩和でお金を刷る

というアクションが必要です。

❶から始まって❾に至る与信の上下周期が、およそ10年周期となっているのが過去の値動きから見られ、生産性のやや穏やかな右肩上がりの線に、与信というアップダウンの激しい波を加えた時、経済用語で「ジュグラーの波」と呼ばれる、こうした信用創造に基づく10年周期の景気循環が創出されることになります。

現在のアート市場

1990年代から30年経った今、ジュグラーの波に合致する形で、当時を彷彿とさせるようなアートバブルとその崩壊が起きています。

今回のバブルの波は２０１１年からスタートしていました。特にヒートアップし始めたのが２０１４年です。交流のあるギャラリストが当時の模様を話してくれました。

２０１４年6月30日、英ロンドンでサザビーズにより開催された現代アート美術品のオークションのデイセッションでは、事前予想を23％ほど上回る約１６０億円規模の商いが成立していました。そして、イブニングセッションで俄然注目を集めることとなったのが、この日のオークションの目玉であるフランシス・ベーコンの絵画でした。彼の恋人であるジョージ・ダイアーを描いた１９６４年の抽象的な作品です。

１２５０万ポンドから入札が開始されると、あっという間に大方の予想である２０００万ポンドを超えて、最終的には事前予想を大幅に上回る２６７０万ポンド（約46億円）で落札されました。

その後、２０１４年2月にロンドンで行われたクリスティーズのオークションでも、この画家の作品で「話をしているジョージ・ダイアーの肖像」（１９６６年）が72億円で落札されています。

こうした巨匠の絵にとどまらず、このオークションでは若手新進画家の絵も予想の4～6倍の値段で売買されていました。

ちょうどこの頃、リーマン・ショックの後遺症で物価が低迷しており、先進各国で世界同時金融緩和政策が取られ始めた時期と重なります。中国の財政出動は４兆元という空前の規模で行われました。

この結果、金融緩和政策下でだぶつくマネーが、債券市場、株式市場などの伝統的資産クラス市場だけでは吸収しきれず、非伝統的資産クラスである不動産市場やアート市場に押し寄せてきたのです。

そして何より、アジアを始めとする新興国各国の富裕者層が、この絵画市場を押し上げていたのが特徴的で、絵の目利きとは言い難い素人が、大量の資金をアート市場に投入する姿が多く見られるようになっていきました。

そもそも絵画は絵の具やキャンバスくらいが原価で、ほぼゼロコストです。ただしすべてが一点モノという特徴があります。言い換えれば、絵画には「理論値」がなく、売買できるタイミングが極めて限定的な商品で、その時の経済的環境や熱狂が価値を大きく左右する商品なのです。

２０１１年に始まった絵画バブルは、ますます勢いを強めます。特に２０１５年は最良の年だったと言われています。高額落札絵画のトップ10のうち６点が２０１５年から2016年にかけて落札されており、落札者のうち4点がアメリカ人のヘッジファンドマネージャー、3点がカタール王室、1点が中国人ビジネスマン、1点がメキシコ人、1点がルーブル美術館でした。

2015年9月に3億ドル（約330億円）で落札された「インターチェンジ」（ウィレム・デ・クーニング）は、それまでの史上最高値を塗り替えました。債券運用で定評のある、シタデル・インベストメントというヘッジファンドの創業者であるケネス・グリフィンが購入したことが明らかになっています。

極めつけがイタリア・ルネサンス期の巨匠、レオナルド・ダビンチがキリストを描いた油絵の売買でした。

2017年11月15日午後（日本時間16日午前）、米ニューヨークで競売に掛けられ、手数料と合わせ、美術品としては史上最高の落札額の約4億5千万ドル（約508億円）で落札されたのが、油絵「サルバトール・ムンディ（救世主）」です。1500年ごろ、フランスのルイ12世のために製作されたもので、クリスティーズによると、17世紀に英国王チャールズ1世が所有していた1763年以降、行方不明となっていました。

2005年に美術商が1万ドル足らずで入手した後、修復の結果、真筆と鑑定され

サルバトール・ムンディ（救世主）

20枚もない現存するダビンチの絵画のうち唯一の個人所有で、11年にロンドンのナショナルギャラリーで展示、大きな話題となった絵です。とはいえ、今までの世界記録であったクーニングの「インターチェンジ」をはるかに超える500億円という金額は破格です。クリスティーズは落札価格を最高でも1億ドル前後（105億円）と事前予想していました。

その後もバブルが散見される状況が続きます。現代美術家ジェフ・クーンズの作品に、存命する芸術家としては史上最高となる価格が付いたことは高騰ぶりを示すものです。2019年5月15日にニューヨークのクリスティーズで競売にかけられた「ラビット（Rabbit）」が9107万ドル（約100億円）で購入されています。このウサギの彫刻はステンレススティール製で、バルーンアートのウサギをモチーフにしたもので、「ラビット」は支配のシンボルとして評価が高く、コロナショック以前のアメリカンドリームを表象したものでした。

計3点が制作されたほか、クーンズ本人の手元にオリジナルがあり、存命である以上、さらに多くを製作できることを考えた時、1点100億円という金額はやはり破格と言えるでしょう。

ダビンチの絵とは異なり、歴史の洗礼を受けていない現代絵画は、価値判断が難しいにも関わらず、しかも、目利きとは言い難い新興国の投資家によって、その多くが値付けされていることを考えた時、「この高値は正しく価値を表しているのか?」と首をかしげる人があっておかしくない状況が現れていたと言えるでしょう。

オークション市場は行き過ぎる投資家心理を示すとされることがあります。つまり、落札過去最高額が出る年から数年以内には、決まってその後に株式市場が暴落しているのがアノマリー*として知られています。

油絵「サルバトール・ムンディ(救世主)」の落札から3年を経て、筆者も疑惑の目をもってアート市場の様子をうかがっていました。そして、史上最高額が塗り替えられた時から数年を経て、やはり「救世主」は現われることなく、アート市場に終わりが来てしまったようです。

＊アノマリー
現代ポートフォリオ理論や相場に関する理論では証明できないが、経験則として現象を認知できるマーケット特性。

新興国の経済不況により崩れてきたアート市場

アートバブルは静かに変調の兆しを見せます。2016年2月3日、サザビーズがロンドンで行ったオークションで、1200万ポンド〜1800万ポンドでの落札が噂されていたピカソの作品が、950万ポンドと期待値の約半額での落札となったのです。結局、総計8370万ポンド（約134億円）の売り上げになり、総点数の4分の1に当たる作品が売れ残っています。2015年の同時期の状況と比べるとその変貌ぶりは明らかだったのですが、急激な変調にアート関係者は戸惑うばかりでした。

2016年になってこうした不調が見え始めた原因は、新興国の経済不況です。

これまでのアート市場を大きく支えてきたのは、主に新興国、特に中国人投資家でした。サザビーズは2014年、10億ドル（約1100億円）以上を中国人投資家に販売しています。今や、市場の1／4から1／3は中国市場由来の売り上げとなっています。

しかし、2016年以降、中国からのマネーフローは極めて低調に推移しています。いわゆる「チャイナショック」という中国株式市場が2015年に大暴落した痛手は、結局2020年の今に至るまで尾を引くことになったのです。

当時から懸念されていたのが中国国内の大規模土木工事の行く末です。不動産の大量供給を需要が受け止められなくなることが予想されていました。

一人っ子政策の余波で、人口ボーナスの消失と、農村部の余剰労働力の枯渇が現実の問題となる中国では、潜在成長率低下が確実視されていました。ところが、地方政府は潜在成長率低下の現実を受け入れません。それどころか、未だに高成長志向が強く、傘下の国有企業を通じて銀行から多額の融資を引き出しては、都市インフラや不動産の開発に投資してバブルを作り出してきているのが、今の中国経済の姿です。

潜在的不良債権が現実の不良債権化へと転換するため、債務カット交渉や銀行の資本再構築のための「貸しはがし」の増加が予想されるのが中国の実態です。当然ながら、絵画を買い漁っている場合ではありません。中国からのアート購買が、2016年以降は下り坂となっていったのは当然の理だったのです。

代わって2016年以降の市場拡大の主役はアメリカです。それに伴い、落札内容にも変化がありました。巨匠好みのアメリカ人の特性で、大型落札に支えられてきた拡大が昨今の市場の拡大の特徴です。裾野が広がらない形での不安定な売買高の拡大だったとも言えます。

結局、巨匠の売れ行きがよかったにもかかわらず、2019年の市場価値は裾野が広がりきらず、UBS調査では前年比5％減となり、リーマン・ショック時以来のマ

イナス成長になりました。［文献1］

そして2020年。コロナショックでオークションハウス自体が閉鎖、売買自体がストップする事態になっています。売買流動性が枯渇しており、オークションが夏か秋に再開されるや否や、大きな価格下落がアート市場を襲うのは間違いありません。

まさに「歴史はくり返す」です。「絵画市場では史上最高値が続々と塗り替えられた年から2～3年後に崩壊する」という経緯が、およそ10年の周期で過去にくり返されてきましたが、今回も同じ構図です。

いずれもその根っこには金融緩和がありました。それが不動産バブルを招いた後、積極化する銀行与信によってお金が絵画市場に流れ込み、熱狂に踊らされた新興国などの新参者がアート市場を牽引するという構図ができ上がったあと、度を越した価値体系が突然崩壊するという構図が繰り返されます。

時代の洗礼を受けていない現代絵画の価値が、絵画売買に不慣れな新興国の新参者によって大きく押し上げられる時こそ、バブルの育成とその後の崩壊を予期させるものになり、「異常値が出てから数年を経た時に突然バブルの崩壊が起きる」というアノマリーは頭に入れておいてもよいと思います。

突き詰めて言えば、先進諸国の金融政策の動きは、続いて起こる新興国の経済成長に大きくリンクしており、先進国の金融緩和政策の限界が近づきつつある状況と、それに伴うドル供給の先細りで、新興国経済成長の息切れが垣間見られるというのがジュグラーの波と現代アート市場からの鳥観図になります。

資産バブルが起きる三つの条件

筆者はアートバブルにも見られる「資産バブルが」起きる条件には、以下の三つがあると考えています。

❶長期的に継続する金融緩和とインフレ調整後のマイナス金利環境

1930年代の軍需景気に火を点けた日銀引き受けを伴う高橋財政の時期や、平成金融恐慌後の日本の超金融緩和の時期がこれに当たります。

❷規制緩和や技術革新による実体経済の変化や潜在成長率の上昇が、実体より低く見積もられた市場環境

古くは、16世紀の船舶技術がもたらしたスペイン銀の供給増大が大幅なインフレを後にもたらした価格革命の時期や、近年では1995年の「Windows95」の発売やインターネットの普及以降に起きたIT革命が、オフィスワークの生産性を大幅に高め、潜在成長率を押し上げてきたにもかかわらず、中央銀行はこうした新現象を軽視し低金利政策を維持してきた、現在に至る世界の状況がこれに当てはまります。

❸インフレについての楽観論の拡大

市場（債券市場）が潜在成長率の上昇を低く見積もり、金利上昇を見込んで債券を売るべきを、逆に大勢が金利低下を見込んで債券を買うなどして、市場の債券金利が低くあり続けてしまう状態。第二次世界大戦中の価格統制経済中の日本や、1997年に起きたアジア通貨危機直前までの東南アジア諸国がこれに当てはまります。

ちなみに、コロナショック対応での大規模な金融緩和と財政出動を行っている現在、筆者はこうした三つの条件が、世界的に現れつつあると見ています。

❶欧米で金利正常化の兆しもありましたが、コロナショックを受け、利上げなど論外で、長期的な金融緩和スタンスが逆に強化されました。まさに高橋財政下の日銀引き受けに当たる直接的な財政ファイナンス政策が英米で発動されています。

❷トランプ大統領による金融規制緩和、ＡＩ・ロボットの投入による大規模な機械化、資本装備率の引き上げが着々と生産性を押し上げる状況が見込まれることです。ただし、国際分業体制が新冷戦構造下によって齟齬をきたしつつあるため、生産性の悪化の要素も混在しています。これらの間での綱引きによって、実質的な潜在成長率が上下することになります。

❸アメリカの有力資産運用会社がかつて唱えていた「ニューノーマル」説などが典型的です。その論調は「現実的に債券市場で観測できる名目金利が低いということは、実際のところ潜在成長率が引き下がっていることを現しているはず」という解釈を中心にしています。「だからこそ金利は低くてよい」というある意味での循環論で、金利低下を根本から肯定する論調となっています。物価動向に関する極端な楽観論が債

券市場（金利の低下）を支え始めており、パウエルＦＲＢ議長もこの論の支持者です。

こうした三点を背景として、資産バブルが育成されてきたのが現在の世界だと筆者は考えています。相場の先行きに楽観論が強まり、「低インフレや低金利は構造的なもので今後も長期間続く」という見方が広まって、投資資金が株や不動産、高利回り債券に資金が流入している状況が、この10年間続いてきました。

ただし、歴史を振り返ると、このような物価動向についての超楽観とその後に起こる超悲観は毎回繰り返されていることであり、だいたい約10年に1回の割合で「バブルとその崩壊」は繰り返されてきています。

この10年サイクルは「ジュグラーの波」の信用サイクルとぴったり一致するもので、楽観論が適切な水準を超えるファイナンスを企業や銀行に許容する時、バブル（資産価格の実態との乖離）が発生し始めるのです。

２００８年のリーマン・ショックから約10年が経過しています。コロナショックとして、今回も10年周期の信用循環をなぞる可能性として3～5年の下落局面が高まっていると言えるでしょう。

ちなみに、今回のバブル破裂のきっかけは、われわれ日本人が引き起こす可能性があると筆者は見ています。以下に説明します。

日本発、米国債バブル崩壊の兆し

筆者が注目するのは、世界中を瞬時に動き回る国際マネーの姿です。

コロナショックの外出禁止令も関係なく、国境を越えて活動し続ける、機動力豊かな国際マネーは、相対的に世界に大きなインパクトをもたらしつつあります。

中でも「ニューノーマル」と言われる、「低金利が永続するだろう」という債券投資への楽観論が国際マネーによって助長されることに対して特に思うことがあります。

例えば、ワクチンができて、アメリカでインフレの芽が出てくるような実体経済の改善に合わせて金利を上げたとしましょう。

一方で、日本やロシアではまだワクチンが行き渡らず、インフレの芽が出てこなければ、日本の円金利は低位停滞したままになるでしょう。

その時、大手町やモスクワシティの金融機関の運用本部デスクでは、より高い金利を求めて、運用担当者が米債買いのオーダーをブローカーに発注し、すかさずジャパンマネーやロシアオイルマネーの莫大な資金が、アメリカの長期債券に瞬時に流れ込みます。その結果、米国債券市場において「政策金利が上がった途端に外国人が買い込むので長期金利が上がらなくなる」という状況になります。

債券市場での低金利状況が長期間続くうち、債券金利の水準を決定する要因である一般物価そのものへの楽観論に転化してしまうことになってしまい、債券保有への楽観論がさらに強化されていった結果が「ニューノーマル」といわれる幻想です。この幻想がアメリカの債券市場で拡がり始めているのが現下だと筆者は考えています。

米国債券に投下されている日本の銀行資金の元を辿れば、銀行にとっては借り入れに当たる「預金」になります。要求払いである預金を原資にした日本の銀行の資金運用は、安全資金である国債を中心とする公社債によってその大部分が運用されるべきだと規定されています。

規定にも合致する、超大国の米国債への投資は、今やFRBの施行する無制限介入によって完全にその価値が保全されています。かつ為替ヘッジ付きで投資を行うのであれば、為替リスクもなく、リスクが限定されるという錯覚が、日本の金融機関の投資を後押ししています。

これに既視感を覚えるのが、5年前にキプロス共和国が金融恐慌に陥って預金封鎖に追い込まれた事件です。

キプロス銀行団の勘違いから、当時のギリシャ国債を無リスク資産だと思い込んで大量投資した結果の破綻劇でした。ギリシャ国債は無リスク資産ではなかったからです。同じことが米国債にも言えるはずです。

2019年までは米国の政策金利は正常化の過程にあって、政策金利が引き上げに向かっていました。しかし、日本の商業銀行が気にせずに米債を買い支えてくれるため、政策金利の引き上げに関係なく、米債市場は堅調に推移していました。

したがって、放漫財政でいろいろ無茶を通しても米長期金利がそれほど上がらず、容易に低廉な借り入れを享受できたのがアメリカのトランプ大統領です。

この動きは長短金利差に表れていました。特に米国債2年物と10年物の差を見た時、この差が縮小すればするほど、こうした外資による米債買いが活発になっていることがわかっていました。為替ヘッジ付き米国債投資を行う場合、その実態は、長期債を買って、同時に短期債を売却するというオペレーションを内含しているためです。

逆も真なりであり、シグナルとしては、長短金利差が逆転する時（長期金利＜短期金利）には、長期債投資そのものへの妙味がなくなったとして、米国債投資から外資が引き上げていくことが往々にして起きます。この場合、チープなマネーを外資から享受できなくなる米国経済の状況を示唆しており、実際、半年ほど後に景気後退へ向かってしまうという現象が、過去何度も見られました。

実は今回もそうでした。2019年夏に長短金利差が逆転していたのです。実際それに合わせて、本邦勢を含む外資が米国債市場から資本を引き揚げる動きが見られています。その後、流動性の問題が起き、米国債券市場が大きく動揺し、金利が急騰する事態がありました。

2020年3月、米国債券市場から流動性が奪われて、アメリカの株式市場を始めとするあらゆる市場にネガティブな影響を与えたことを受けて、FRBは無制限債券市場介入声明を打ち出し、ようやく危機を鎮定しています。

かくして、日本人によって主に生み出された米国債バブルは、水面下では静かに、崩壊に向けた序章が始まっている可能性を筆者は感じています。

▼今後予想されるシナリオ・ストーリー

□コロナショックにより、アメリカを始め各国が未曾有の金融緩和、財政出動に舵取りをした結果、金融市場はどう動いていくか⬇

1923年の日銀特融と震災手形で一時的に息を吹き返した日本経済が、不良債権となった震災手形関連の悪影響を受け、大きな金融恐慌に見舞われた再来を懸念。

□マネーは市場に流れているが、失業による購買力低下やサプライチェーンの弱体化による供給量不足などのバランスが崩れ、再び大きな世界的リセッションが起きるシナリオはあるか⬇

あるだろう。既に米中間で今回のコロナショックの責任のなすり合いが始まっており、新冷戦構造が深化していく流れが濃厚。主に中国がサプライチェーンマネジメントの縮小の打撃を受けよう。

□日本においては物価上昇の中、不況が続くスタグフレーションが発生しないか⬇

可能性大。しかし、省エネや新エネルギー源開発の急務が日本政府の背中を後押しする過程で新インフラが整備され、産みの苦しみとして昇華しよう。

□今回のコロナショックで大きくダメージを受ける国、さほど受けない国はどこか⬇
コロナショックの影響甚大なアメリカ内需に依存が大きい中国、および日本を含むアジア諸国だろう。意図せざる在庫の投げ売りを迫られる。対してダメージが少ないのは、もともと世界経済から経済制裁を受けていて疎外されていたロシア。世界経済のリンクから外れてきたのがここにきて幸いとなる。

□世界の資産バブルが弾けた時、どの地域の、どの通貨、経済に一番影響が大きくなるか。その結果何が起きるか⬇
すぐには資本の流動性が元に戻りにくいため、債務が大きく、自国通貨安が起きやすい新興国がダウンサイド圧力を受けよう。しかし、後には先進諸国などの債権国からの債務カットを通じて復活が期待できる。逆に債権国は大きなダメージを受けよう。

エピローグ

本稿は、コロナショック下で閉鎖都市となったモスクワで書き上げたものです。ロシアでは2020年3月末から、一部例外を除いて全面営業禁止令や外出禁止令などの防疫対策が厳格に適用され、以来、いつとも果てぬ蟄居生活が続く中での執筆になりました。生活は激変し、外出許可が下りる日常生活物資の買い出し時以外は、独り、マンションの一室でのデスクワークが毎日の生活の大半を占める状況です。

こうした非日常が日常化していく自宅蟄居を続ける中、筆者にはある人物について、より深く理解できるような気がしました。

ラスコーリニコフ――。ロシアを代表する名作、ドストエフスキー『罪と罰』の主人公です。作中、彼は自ら超人であることを証明するために殺人を犯した「エキセントリックな人間」として描かれています。

私が理解できたというのは、「なぜ彼が、全く理解に苦しむ妄想に取り憑《つ》かれたのか」

という背景についてです。彼は19世紀のサンクペテルブルグに出てきた地方出身の大学生で、狭く汚い屋根裏部屋で独り過ごす時間が、極貧の彼にとっての生活の大半を占めていました。

しかし、その屋根裏部屋で独り妄想する時間こそが、ラスコーリニコフにとって厳しい現実を忘れさせる時間だったのです。疎外された環境で、徐々に狂気の考えに取り憑かれていったのです。

タイトル『罪と罰』も、彼が道を踏み外していく、そうした心境の変化を表したものです。「罪」とは、彼が殺人を犯した犠牲者（他者）への、心の裡《うち》からにじみ出てくる悔恨の気持ちであり、「罰」とは、他者の存在が彼の中で限りなく薄くなり、自分のことだけが関心事の中心となる、つまり自分が受けるであろう世間からの罰のことだけを注視していくという、ラスコーリニコフの心の揺れ動きを表したタイトルとなっています。

コロナショックの環境下、世界中でロックダウンが行われており、他者との関わり合いを喪失している人は、かつてないほど多くなっています。

鳥瞰した時、国境封鎖で国と国とのつながりが断絶され、企業はビジネスを失い、個人は失職する者も多く出てきている中、他者への思いやりがどんどん希薄化しているのが現状だとも言えます。

今、世界中で、内在的な罪を感じる余裕を失い、自らのことを考えることだけで精いっぱいの、精神的に病んでしまった「ラスコーリニコフ」が量産されている状況を考えた時、戦慄を覚えざるを得ません。

『罪と罰』が書かれた時代背景は19世紀半ばのロシアです。当時のロシアは、ロマノフ王朝治世下にあって、クリミア戦争敗戦後の急激な近代化の中、貧富の格差が劇的に拡大していた時期に当たります。

厳しい徴税と貧困のストレスから、民衆による皇帝暗殺も起きていたほどで、政府もついにはガス抜きとして、1861年に農奴解放を行っています。農奴とは、移動も職業選択の自由もない奴隷のことを指し、当時のロシアの6000万人の人口のうち2250万人が農奴と言われていました。

解放され、手にした自由に歓喜したのも束の間、分与された土地購入は負債との見合いであって、49年払いの割賦の返済に先立つものもなく、都市の出稼ぎ労働者として、朝から晩まで工場で働き詰めの生活となっています。徴兵制も彼らの新しい賦役《ふえき》となってのしかかっています。国家や企業、そして、ロシアに貸し込んできた独仏など外国の資本家のみ、農奴が工場労働者へ転換することで行われたロシア近代化と軍備増強からの恩恵を集中的に受けた形になりました。

結局、農奴の大半が実質的な自由を手にすることができず、鬱屈《うっくつ》とする中で、ロシア革命という大火に向けての薪がくべられることにつながっています。

翻って、私たちの社会の今後を考えた時、ポスト・コロナショックで新たな生活がさまざまな形で考えられるようになっています。

その時の新しい勤務スタイルとして、オンラインを通じて、自宅から仕事を行うリモートワークや、会社の契約に縛られないフリースタイルの勤務形態が、今後は定着していくことになると言われています。

一見、勤務時間の縛りや通勤地獄から解放される、いいことずくめに見えるサラリーマンの新ワークスタイルですが、企業から見た時、その素晴らしさは格別です。

オフィス費用や通勤費を削減でき、個々の社員の評価においては結果判断に注力でき、かつ、解雇の自由度が増すワークスタイルだからです。

そうすると、正社員から契約社員への雇用契約変更が進みやすくなると同時に、仕事も出来高制のクラウドソーシングという形態になり、結局、被雇用者は収入の安定を得るため、複数の企業とフリーランス契約をせねばならず、結果責任で働き詰めになることは自明です。秀《ひい》でるものだけが職や収入を得ることができる、さらなる貧富の格差が拡大する世界の到来が容易に想定されます。

雇用者と被雇用者との距離が開き、国と国との距離が開き、どんどん他者への思いやりが失われていく世界が到来すれば、勤務スタイルに自由な時間を得ることとの見返りとして、大きな雇用不安という不確実性とのトレードオフとなるわけです。

ここまで考えた時、思わず独り声に出して笑ってしまいました。前述の考えも、狂人寸前のラスコーリニコフよろしく蟄居中の筆者の妄想の一つに過ぎないと気づいたからです。

筆者の考えるワーストケースシナリオが現実にならないことを祈るばかりですが、

同時に思いを致すのが、ワーストケースシナリオが実現する際の「プランB（代替計画）」や「オプションB（次善の選択肢）」の大切さが今まで以上に重要性を増している事実です。

コロナショックを始めとして、世の中が想定外の事態に直面し、流動性を増しているのは事実であり、玉突き式にさらなる多くの想定外のことが起きやすくなっている時代です。新冷戦構造下で国と国との心理的距離が開く中ではなおさらになります。

筆者は蟄居中ながらも、機関投資家として、激動の国際金融市場に向き合う毎日を送っています。コロナショック下にあって激動の市場に相対しており、毎朝、目覚めるや否や胸をぎゅっと掴まれる思いで、先ずは急いでブルームバーグの市場データをチェックする日々でした。

複数ある戦略ファンドを運用統括しているのですが、そのため、伝統的資産クラスと言われる、株式や債券などのあらゆる上場市場商品への投資に加え、非伝統的資産クラスと言われる、不動産投資や貴金属、ヘッジファンド投資などの非上場の非流動的な投資商品までを、買い建ても売り建ても行う日々です。

こうした運用形態をマルチアセットポートフォリオ運用と言いますが、コロナショック下での運用環境は、筆者の20年以上の運用歴でも比双するものがない変動を持つ市場環境になりました。

コロナショックが市場に影響を如実に与え始めたのは2020年2月22日（土）からです。イタリアの金融都市ミラノがロックダウンの対象となったのがきっかけでした。実は筆者は、その月初までミラノを訪れており、商業用不動産投資案件の交渉をしていたばかりで、その時の平和なミラノの状況が脳裏にあり、不思議な思いでこの噛み合わない都市封鎖の臨時ニュースに接していたことが未だに忘れられません。

このニュースに接した時は、これもまた商業用不動産案件の交渉で赴いていたウクライナのキエフにいた時でした。週明けから始まった怒涛の市場の急落を受けて、すべての投資交渉を放棄、キエフに借りている自室に缶詰となって、全身全霊全時間を前述のポートフォリオ運用に充てることになります。

電話をオープン通話にして、スプレッドシートとブルームバーグに首ったけの日々でした。この生活が2週間ほど続いた3月中旬に、どうしても用事があったモスクワに帰ってきましたが、その後、すぐにキエフは非常事態宣言を発動し、ロックダウンとなっています。すんでのことでした。暫《しばら》くしてモスクワもロックダウンになります。その後、ロシアは瞬く間にアメリカに次いで世界第2位の感染国になり、厳格な外出禁止令が適用されました。

ポートフォリオの運用状況を振り返れば、1月の中国・武漢での感染爆発事態を慎重に見ていたために、株式指数のショートを普段よりは多めに持つなど、総合ポートフォリオリスクをヘッジしていたところが、こうした相関係数を用いて統計的に統合ポートフォリオ管理をするダイナミックヘッジの手法がワークしない事態に直面することになりました。

コロナショックの異常事態を受けて、株は当然のことながら、株が下がる時には価格が上がるとされてきた債券も金《ゴールド》も何もかもが、すべてが換金売りの対象になって、一斉に市場で売り続けられました。

このため、市場流動性に比較的欠ける個別銘柄株式や新興国通貨の下落幅はすさまじいものになって、その買持ちポジションを事由として、総合ポートフォリオのリターンが二ケタ%でマイナスとなる局面もありました。

傷ついたポートフォリオを建て直すために、ありとあらゆる努力が必要でした。特に、過去のショック時のデータを分析しつつ、当時の市場の動きは、分析する時間の確保もままならないものでした。分析する間に、統計的な観点から通常の1年分の動きが1日で現出するほどの市場の激動が続いていたためです。

吐き気を催しながらも、遠隔でのスタッフとともに、必死の対応を継続、ポートフォリオにおける投資の中身は入れ替えに次ぐ入れ替えが続きました。運用方針も大規模に変更、その後続く市場の上げ相場を経て、ようやく4月末時点においてマイナスを取り戻した形になりました。

血を吐くような、コロナショック下での厳しいポートフォリオ運営の日々の中でも、欠かさなかったのが本書の執筆でした。睡眠時間を削ってでも、調べて書いて考え続けることにこそに活路があると信じていたためです。

コロナショック下の今こそが、考え続けるべき、価値のある世紀の一瞬だとの思いからでした。まさに、関ケ原の松尾山にいる小早川秀秋《こばやかわひであき》の気持ちで、汗を手にして世界を見つめていたのが筆者になります。

本書の執筆の際にこそ、目の前の市場の動きに惑わされることなく、長期・超長期で物事を見つめることができ、そのために行うシミュレーション思考は宝石の輝きをもたらす時間になりました。

改めて、ポスト・コロナショックに置かれる今後の世界に思いを致す時、筆者の前著である『トランプシフト』（2016年）で想定していたところの、トランプ大統領の旧秩序の壊し屋としての役回りが、一層過激に展開されており、世界が流動化する大きな要因となったと見ています。

旧秩序が傾いていく過程での特徴は、古今東西、ただでさえ開いていた貧富の格差がさらに拡大することであり、社会が混乱の極みに陥っていく要因となっていることです。今回のコロナショック下でのアメリカの経済統計の結果一つ取ってもそのことは如実に表れています。

例えば、アメリカの4月雇用統計では、失業率が3％から15％近くまでジャンプしている中で、これは統計開始以来最大のジャンプとなっていますが、同じく発表されている賃金上昇率もまた、年間8％近くまでそれまでの年間3％台からジャンプしていることです。

通常であれば失業率の上昇は賃金の低下を伴うものですが、今般の奇異な現象は、給与水準の低い非正規人員から解雇されていることから、正規社員の給与が浮き出て計算されているためです。

弱者から切り捨てされていく世界が、明瞭に数字でさらけ出された結果だと言えるでしょう。

こうした混乱が続く社会は、考えよう、取りようによっては、次の「幸」が水面下で芽吹く時期の到来であります。つまり、今後起き得る多くの「想定外のＩＦ《イフ》」をあらかじめ仮定できる人にとっては、他人より先んじて行動に移すことが可能になり、得られる先行者利得に接する機会が増えることになります。

オンライン勤務やホームオフィスが増加する世界が来ると想定するなら、その時代に応じた対応に需要を見出し、準備した人たちが商機をつかむことになります。

あるいは、国境の壁が高くなる時、外国語を使いこなし、海外企業に対応できる人材なら日本に居ながらにして国内外の需要を一手に受けることができましょう。

来るべき混沌を創造的破壊と捉えるなら、その過程は新しい成長に満ちたものと同義であり、まだ見ぬ未知の世界へ胸の高鳴りを感じざるを得ません。

アメリカのトランプ大統領は、その就任前に、実業家として成功してきた秘訣を「安全地帯から飛び出してみよう」と語っています。そうした人物が世界の変化の中心にいる時、動かないことがリスクになる時代が来たと見るべきでしょう。

私たちもいつの日かコロナショック下にある生活から解放される時が来るはずです。その時、外に出るのを怯えて内に籠もり続けるのではなく、シミュレーション思考で得た各自のさまざまな「プランB」「オプションB」を胸に、意気揚々、敢然として世界に乗り出していくことになるでしょう。

最後になりますが、今般の本書出版はすばる舎の吉田真志氏の助力なくしては難しいものでした。日ロ間の国境封鎖の断絶下、かつ金融市場対応で執筆が中断することがあっても常に真摯な助言と協力を惜しむことがなかった氏に改めて謝意を申し上げたいと思います。

2020年7月吉日

塚口 直史

■引用文献・出典

プロローグ
1. 富田俊基『国債の歴史—金利に凝縮された過去と未来』東洋経済新報社 2006 年
2. 国土交通省住宅局住宅生産課「東日本大震災の概況　資料１」2011（平成 23）年 10 月 17 日

第１章
1. IMF「世界経済見通し（WEO)」2020 年 4 月

第２章
1. 寺師宗徳『贈正一位島津斉彬公記』村野山人 1908（明治 4）年
2. 磯田 道史・NHK「英雄たちの選択」制作班『NHK 英雄たちの選択 江戸無血開城の深層』NHK 出版 2018 年
3. 徳川慶喜『政権を朝廷ニ奉帰建白写』1867 年（慶応 3 年）松戸市戸定歴史館蔵
4. 野口武彦『鳥羽伏見の戦い—幕府の命運を決した四日間』中央公論新社 2010 年
5. 財務省「報道発表　令和 2 年度の国民負担率を公表します」2020（令和２）年 2 月 26 日
6. 作者不明『復古論　巻一』[江戸末期] 国立国会図書館デジタルコレクション https://dl.ndl.go.jp/info:ndljp/pid/2538949

第３章
1. 長谷川基「陸軍軍事上より見たる燃料問題」『燃料協会誌』第 176 号 1927（昭和 12）年
2. 樋口晴彦「人造石油を量産せよ－“夢の燃料”をめぐる日本陸海軍の迷走」『歴史群像』2019 年 4 月号 学研プラス
3. 川田稔『木戸幸一　内大臣の太平洋戦争』文藝春秋 2020 年
4. 片山杜秀『未完のファシズム—「持たざる国」日本の運命』新潮社 2012 年
5. 岩井秀一郎『永田鉄山と昭和陸軍』祥伝社 2019 年
6. 川田稔『永田鉄山軍事戦略集』講談社 2017 年

第４章
1. ダニ・ロドリック『グローバリゼーションパラドクス』白水社 2014 年

第５章
1. 植村英一『将軍アンリ・ギザン—意志決定を貫く戦略』原書房 1985 年
2. 樋口晴彦「永世中立国スイスの第二次大戦—ナチスドイツの包囲下でどうやって独立を守り抜いたのか」『歴史群像』2017 年 2 月号 学研プラス
3. ジャン・トレップ『国際決済銀行の戦争責任』日本経済評論社 2000 年
4. 鯖田豊之『金（ゴールド）が語る 20 世紀』中公新書 1999 年
5. 東京銀行編集『横浜正金銀行全史』東京銀行 1980 年

第６章
1. 桜田美津夫『物語 オランダの歴史 - 大航海時代から「寛容」国家の現代まで』中央公論新社 2017 年
2. 「国指定重要文化財 / 木造エラスムス立像」佐野市ホームページ　https://willadams.anjintei.jp/wa-09204-12.html
3. グローバルノート国際統計・国別統計専門サイト「世界の銀生産量 国別ランキング・推移」2019 年
4. 祝田秀全『銀の世界史』筑摩書房 2016 年
5. 平川新『戦国日本と大航海時代 - 秀吉・家康・政宗の外交戦略』中央公論新社 2018 年

第７章
1. 磯田道史『徳川がつくった先進国日本』文藝春秋 2017 年
2. 防衛研究所『東アジア戦略概観 2019』2019（平成 31）年 4 月 5 日

第８章
1. The Art Market 2020 An Art Basel&UBS Report

■参考文献

塚口直史『情報を「お金」に換えるシミュレーション思考』総合法令出版 2016 年
塚口直史『トランプ・シフト これからの世界経済に備える 14 のこと』朝日新聞出版 2016 年
塚口直史『世界第 3 位のヘッジファンドマネージャーに日本の庶民でもできるお金の増やし方を訊いてみた。』朝日新聞出版 2017 年
塚口直史『一流の投資家は「世界史」で儲ける』ダイヤモンド社 2018 年
呉座勇一『応仁の乱 - 戦国時代を生んだ大乱』中央公論新社 2016 年
鈴木将典『戦国大名武田氏の戦争と内政』講談社 2016 年
三上隆三『渡来銭の社会史—おもしろ室町記』中央公論社 1987 年
森茂暁『室町幕府崩壊』KADOKAWA 2017 年
平川新『戦国日本と大航海時代 - 秀吉・家康・政宗の外交戦略』中央公論新社 2018 年

磯田道史『江戸の備忘録』朝日新聞出版 2008 年
高槻泰郎『大坂堂島米市場江戸幕府 vs 市場経済』講談社 2018 年
星亮一『奥羽越列藩同盟―東日本政府樹立の夢』中央公論新社 1995 年
星亮一『会津落城―戊辰戦争最大の悲劇』中央公論新社 2003 年
吉村昭『幕府軍艦「回天」始末』文藝春秋 1993 年
島津斉彬『島津齊彬言行録』岩波書店 1944 年
吉村昭『生麦事件』新潮社 1998 年
佐々木克『戊辰戦争―敗者の明治維新』中央公論新社 1977 年
ハインリッヒ・シュリーマン『シュリーマン旅行記　清国・日本』講談社 1998 年
田中雄一『ノモンハン責任なき戦い』講談社 2019 年
高橋義夫『高橋是清と井上準之助』学陽書房 2005 年
中島岳志『血盟団事件』文藝春秋 2013 年
波多野澄雄・中村元哉『日中戦争はなぜ起きたのか - 近代化をめぐる共鳴と衝突』中央公論新社 2018 年
宮田昌明『満洲事変「侵略」論を超えて 世界的視野から考える』PHP 研究所 2019 年
高橋正衛『二・二六事件―「昭和維新」の思想と行動』中央公論新社 1994 年
川田稔『昭和陸軍の軌跡 - 永田鉄山の構想とその分岐』中央公論新社 2011 年
川田稔『昭和陸軍全史 1　満州事変／2　日中戦争』講談社 2014 年
森山優『日本はなぜ開戦に踏み切ったか―「両論併記」と「非決定」』新潮社 2012 年
森山優『日米開戦と情報戦』講談社 2016 年
児島襄『太平洋戦争（上）』中央公論新社 1965 年
児島襄『太平洋戦争（下）』中央公論新社 1966 年
吉田俊雄『相剋と自壊　日本陸海軍の生涯』文藝春秋 2001 年
マーチン・ファンクレフェルト『補給戦―何が勝敗を決定するのか』中央公論新社 2006 年
池田嘉郎『ロシア革命―破局の 8 か月』岩波書店 2017 年
麻田雅文『日露近代史戦争と平和の百年』講談社 2018 年
保阪正康『昭和の怪物七つの謎』講談社 2018 年
山内昌之・細谷雄一『日本近現代史講義 - 成功と失敗の歴史に学ぶ』中央公論新社 2019 年
宮崎義一『複合不況―ポスト・バブルの処方箋を求めて』中央公論社 1992
藤井健司『増補版金融リスク管理を変えた 10 大事件 +X』きんざい 2016 年
中川淳司『WTO――貿易自由化を超えて』岩波書店 2013 年
高木久史『通貨の日本史 - 無文銀銭、富本銭から電子マネーまで』中央公論新社 2016 年
宮崎正勝『海図の世界史―「海上の道」が歴史を変えた』新潮社 2012 年
宮崎正勝『「空間」から読み解く世界史―馬・航海・資本・電子』新潮社 2015 年
藤和彦『石油を読む〈第 3 版〉』日本経済新聞出版 2017 年
翁邦雄『金利と経済―高まるリスクと残された処方箋』ダイヤモンド社 2017 年
平山賢一『戦前・戦時期の金融市場　1940 年代化する国債・株式マーケット』日本経済新聞出版 2019 年
高安健将『議院内閣制―変貌する英国モデル』中央公論新社 2018/1/19
かのよしのり『ミサイルの科学現代戦に不可欠な誘導弾の秘密に迫る』SB クリエイティブ 2016 年
レーニン『帝国主義―資本主義の最高の段階としての』岩波書店 1956 年
ジャレド・ダイアモンド『銃・病原菌・鉄〈上・下巻〉―1 万 3000 年にわたる人類史の謎』草思社 2000 年
成瀬治『近代ヨーロッパへの道』講談社 2011 年
玉木俊明『ヨーロッパ覇権史』筑摩書房 2015 年
高木久史『通貨の日本史 - 無文銀銭、富本銭から電子マネーまで』中央公論新社 2016 年
木ノ内敏久『仮想通貨とブロックチェーン』日本経済新聞出版 2017 年
カビール・セガール『貨幣の「新」世界史―ハンムラビ法典からビットコインまで』早川書房 2018 年
リチャード・ローズ『エネルギー 400 年史：薪から石炭、石油、原子力、再生可能エネルギーまで』草思社 2019 年
ドナルド・トランプ／トニー・シュウォーツ『トランプ自伝―不動産王にビジネスを学ぶ』筑摩書房 2008 年
鈴木淳『関東大震災消防・医療・ボランティアから検証する』講談社 2016 年
NHK スペシャル『メルトダウン』取材班『福島第一原発 1 号機冷却「失敗の本質」』講談社 2017 年
木村尚三郎『歴史の発見―新しい世界史像の提唱』中央公論新社 1968 年

磯田道史『日本人の叡智』新潮社 2011 年
西尾幹二『人生について』新潮社 2015 年
吉川洋『人口と日本経済 - 長寿、イノベーション、経済成長』中央公論新社 2016 年
鈴木博毅『戦略は歴史から学べ―3000 年が教える勝者の絶対ルール』ダイヤモンド社 2016 年
吉見俊哉『大予言「歴史の尺度」が示す未来』集英社 2017 年
見田宗介『現代社会はどこに向かうか―高原の見晴らしを切り開くこと』岩波書店 2018 年
宮崎勇・田谷禎三『世界経済図説第四版』岩波書店 2020 年
石坂泰章『巨大アートビジネスの裏側 誰がムンクの「叫び」を 96 億円で落札したのか』文藝春秋 2016 年
水野和夫・山本豊津『コレクションと資本主義「美術と蒐集」を知れば経済の核心がわかる』KADOKAWA 2017 年

■カバー写真
・Centers for Disease Control and Prevention's Public Health Image Library（PHIL）, with identification number #23312「SARS-CoV-2 virus」Public Domain.
・Executive Office of the President of the United States「Donald Trump official portrait」Public Domain.
・Edward Duncan「Destroying Chinese war junks, by E. Duncan（1843）」Public Domain.
・Ihimutefu「Wood figure of Desiderius Erasmus」Attribution-ShareAlike 3.0 Unported（CC BY-SA 3.0）
・Unknown author「2 26 Incident」Public Domain.

■本文写真・図版
039：E. Duncan「Destroying Chinese war junks」（1843） Public Domain
052：Mathew Brady「Commodore Matthew Calbraith Perry, USN」circa 1856-1858 public domain
064：Anonymous Japanese「Tokugawa Yoshinobu with rifle」before 1867 Bakumatsu Meiji Kosha Shincho Public Domain
065：Edoardo Chiossone「Portrait of Saigo Takamori（西郷隆盛，1828 – 1877）」before 1877 Japanese book Kinsei Meishi Shashin vol.1（近世名士写真 其 1）, Published in 1934–1935 Public Domain
069：Nariakira_Shimazu.jpg: 東洋文化協會（The Eastern Culture Association）「a Japanese man 島津斉彬（Nariakira Shimazu）」Public Domain
081：Unknown author「東京師範学校校務嘱託 西周」『創立六十年』東京文理科大学 1931 年 Public Domain
081：Unknown author「Portrait of Sakamoto Ryoma（坂本竜馬，1835 – 1867）」before 1867 Japanese book Kinsei Meishi Shashin vol.2（近世名士写真 其 2）, Published in 1934 – 1935 Public Domain
090：Unknown author「Encounter of Tominomori at the battle of Toba-Fushimi. From 戊辰戦記絵巻，1870.」Public Domain
092：Unknown author「Komatsu Akihito」小松宮彰仁親王／仁和寺宮嘉彰親王 Public Domain
095：Unknown author「Portrait of Okubo Toshimichi（大久保利通，1830 – 1878）」Kinsei Meishi Shashin vol.1（近世名士写真 其 1）, Published in 1934 – 1935 Public Domain
137：Unknown author「General Jinzaburo Masaki（1876-1956）」circa 1932 Public Domain
139：Unknown author「Portrait of Araki Sadao（荒木貞夫，1877–1966）」before 1946 Japanese book Papers of Araki Sadao, #924（荒木貞夫関係文書 924）Public Domain
139：Unknown author「Photo of Toshishiro Obata, a general before and during WWII.」1935 年より前 陸軍軍人の人物評より、陸軍中将小畑敏四郎 Public Domain
144：Unknown author「Portrait of Nagata Tetsuzan（永田鉄山，1884 – 1935）」Japanese book Tetsuzan Nagata Chujo（鉄山永田中将） Public Domain
146：Unknown author「Colonel Kanji Ishiwara in 1934. At the time he was the commander of the 4th Infantry Regiment in Sendai. Kanji Ishihara was the mastermind of the Manchurian Incident, but he was not a war criminal in the Tokyo trial because of his strong opposition in the "Roh Mizobashi case.」Japanese book "Showa History of 100 million people: Year 1930" published by Mainichi Newspapers Company. 毎日新聞社「一億人の昭和史 1930 年」Public Domain
148：Unknown author「Portrait of Ugaki Kazushige（宇垣一成，1868 – 1956）」Published in 1929 Japanese book Hamaguchi Naikaku Public Domain

148：Unknown author「General Koji Sakai」before 1940 Public Domain
160：Executive Office of the President of the United States「Donald Trump official portrait」Public Domain.
207：Datierung: 1942 Dargestellter Ort: Visp VS Fotograf: Strübin, Theodor Copyright: Archäologie und Museum Baselland「General Guisan in Visp VS, Schweiz, um 1942」1 January 1942 Attribution-ShareAlike 4.0 International (CC BY-SA 4.0)
235：Ihimutefu「Wood figure of Desiderius Erasmus」Attribution-ShareAlike 3.0 Unported (CC BY-SA 3.0)
265：Администрация Президента России「Русский:На приёме по случаю Дня народного единства.Орденом Дружбы награждён почетный консул Российской Федерации в городе Сент-Джонс(Канада)Джон Стюарт Дюррант.」kremlin.ru 4 November 2019 Attribution 4.0 International (CC BY 4.0)
270：Anonymous「Portrait of Nikolay Rezanov (1764-1807)」circa 1800 painting Public Domain
275：US Department of State「Recep Tayyip Erdogan in 2017」30 March 2017, 11:14:21 Public Domain
286：Consiglieri88「The Turkish Stream. Version of the map with the internationally recognised borders.」29 December 2015 Attribution-ShareAlike 4.0 International (CC BY-SA 4.0)
302：川崎道民「Nabeshima Naomasa」(財) 鍋島報效会 Public Domain
304：Unknown author「Portrait of Yokoi Shonan (横井小楠, 1809 – 1869)」before 186 Japanese book Ijin Sosho vol.5 (偉人叢書. 第5) Public Domain
319：Unknown author「Николай Дмитриевич Кондратьев (1892-1938) - русский экономист」before 1938 года Public Domain
327：Unknown author「French economist Clément Juglar (1819-1905)」19th (century http://cepa.newschool.edu/het/profiles/juglar.htm) Public Domain
328：Vincent van Gogh「Still Life: Vase with Fourteen Sunflowers」painting 1888 National Gallery (NG3863) , London Public Domain
328：Vincent van Gogh「Portrait of Dr. Gachet」painting Auvers-sur-Oise, June 1890 Private collection Public Domain
329：Pierre-Auguste Renoir「Bal du moulin de la Galette」1876 painting http://allart.biz/photos/image/Pierre_Auguste_Renoir_2_Bal_du_moulin_de_la_Galette_Smaller_version.html (derivative work of musee-orsay.fr image?) Public Domain
335：Leonardo da Vinci「Salvator Mundi」circa 1500 Reproduction of the painting after restoration by Dianne Dwyer Modestini, a research professor at New York University. public domain

【著者紹介】
塚口 直史（つかぐち・ただし）

グローバルマクロ戦略ファンドマネージャー / 欧州系投資顧問会社最高経営責任者 / グローバルマクロ戦略主任 /Plus Plus Group 創業者 / 日本証券アナリスト協会会員 / 欧州連合上級金融認証資格 / 早稲田大学政治経済学部経済学科卒。青山学院大学大学院国際政治経済学研究科修士課程了。都銀系投信投資顧問入社後、シティバンク・国際金融本部短期金利トレーディング部を経て、2008 年・世界最大級の運用会社であるブラックロックにてグローバルマクロ戦略ファンドを統括。リーマン・ショック時、多くのファンドが損失を出すなか、投資収益率としては驚異的な 50% 以上リターンを上げ、ブラックロック内で 1 位の成績を収める。2014 年より PPG 社を設立、エネルギー・地政学リスクに関する情報をヨーロッパ・アジア双方を通じて広く求めるべく 2013 年よりモスクワにリサーチ拠点を移す。EU で運用一任業務ライセンスを取得、欧州系グローバルマクロ戦略ファンドを設定・運用。2016 年 7 月 1 日より、SBI グループと共同で 30~40 代の幹部向けの金融サロンをスタートしたほか、超富裕層向け、外資系投資顧問会社向けに「ヘッジオンライン」を発行。海外投資の観点から国際金融事情を届け好評を博している。ブルームバーグなど、海外メディアへの記事寄稿多数。
主要著書 :『情報を「お金」に換えるシミュレーション思考』(総合法令出版)『トランプ・シフト これからの世界経済に備える 14 のこと』『世界第 3 位のヘッジファンドマネージャーに日本の庶民でもできるお金の増やし方を訊いてみた。』(以上、朝日新聞出版)『一流の投資家は「世界史」で儲ける』(ダイヤモンド社)
＊塚口直史公式サイト http://ttsukaguchi.jp/

■ BookDesign ：山田知子（チコルズ）

コロナショック後を生き残る
日本と世界のシナリオ

2020 年 7 月 15 日 第 1 刷発行

著 者──塚口直史
発行者──徳留慶太郎
発行所──株式会社すばる舎
〒 170-0013 東京都豊島区東池袋 3-9-7 東池袋織本ビル
TEL 03-3981-8651（代表）03-3981-0767（営業部直通）
FAX 03-3981-8638
URL http://www.subarusya.jp/
振替 00140-7-116563
印 刷──株式会社シナノ

落丁・乱丁本はお取り替えいたします

ISBN978-4-7991-0878-9